孔子弟子
铭 传

孔子周游列国像

图书在版编目(CIP)数据

孔子弟子铭传/邱斌著.—厦门:厦门大学出版社,2019.7
ISBN 978-7-5615-7451-5

Ⅰ.①孔…　Ⅱ.①邱…　Ⅲ.①孔丘(前551—前479)—学生—传记　Ⅳ.①B222.3

中国版本图书馆 CIP 数据核字(2019)第 110345 号

出 版 人	郑文礼
责任编辑	薛鹏志　林　灿
美术编辑	张　秋
技术编辑	朱　楷

出版发行	厦门大学出版社
社　　址	厦门市软件园二期望海路 39 号
邮政编码	361008
总 编 办	0592-2182177　0592-2181406(传真)
营销中心	0592-2184458　0592-2181365
网　　址	http://www.xmupress.com
邮　　箱	xmup@xmupress.com
印　　刷	厦门市竞成印刷有限公司

开本	720 mm×1 000 mm　1/16
印张	20.25
插页	1
字数	350 千字
版次	2019 年 7 月第 1 版
印次	2019 年 7 月第 1 次印刷
定价	200.00 元

本书如有印装质量问题请直接寄承印厂调换

厦门大学出版社
微信二维码

厦门大学出版社
微博二维码

作者简介

孔子弟子铭传

邱斌，原名邱运华，汉族，1952年生，江西省赣州市南康县人。1972年应征入伍，1992年调入厦门并定居。大学文化，汽车专业，工程师。厦门市收藏协会、厦门市古艺术品交流鉴赏协会会员，收藏高古玉二十余年，资深实力派军旅古玉收藏、鉴赏家，飞云"聚宝堂"主，古玉文字工作室创建人。

1972年应征入伍，参与填补我国西藏高原的自主测绘青藏高原战备测绘任务。在部队这所大学校里，从只有初中文化的我，通过自学和函授大学，完成了初中到大学的学业，同时也提高了文化理论知识。在部队这座大熔炉里，思想理论与工作实践相结合，使自己"脱胎换骨"，思维变得敏捷，体魄更为强健，从而成就了坚强的奋斗意志，坚韧不拔的毅力精神和永往直前的奋斗目标。

因为二十多年前一个偶然的机会，自己爱上古玩，喜欢古玉，特别是在通过学习众多老师有关玉器著作，使自己更加增强了学习古玉、玩古玉、研究古玉的信心和决心。从此以后，进入深层次的古玉、古玉文字的研究和探索。在二十多年的刻苦努力探索过程中，在理论与实物的分辨过程中，理论水平和实物辨别能力都在不断的进步和提高。在收藏古玉及古文字方面有了突破性发展。由于理论与实物（高古玉）的融合实践，在辨认古玉方面已经是突飞猛进，到了一个前所未有的新阶段。在这学习研讨过程中，得益于各位老师的理论指导与自己收藏的实物不懈的分辨追求。由于对高古玉器及文字颇有研究，发挥了自己超常的学习精神和非凡的感悟天赋，认真分辨各朝代藏品的前前后后（材质、器型、雕工），在短短的几十年中，已总结出收藏古玉、古文字的基本形成的主要特征和时代过程。而精选收藏的古玉印、古玉书（玉简、玉牌），是举世瞩

目的玉文化精髓，是稀世罕见的玉器珍宝。古玉、古文字是国家重点研究的课题，它将会为中国民间收藏，中国收藏古玉印、古玉、古文字增添新的独目灿烂辉煌的一页，将为中国收藏界增光添彩，让华夏古玉文化的精髓永远矗立在世界的巅峰，让中国古玉文化永远让外国人震惊，让外国人疯狂，让外国人震撼。

古籍是传承历史文化的依据，古籍是国家文明的载体。在世界著名的十大古典著作中，中国就有老子的《道德经》、孔子的《论语》。孔子是我国春秋时期的教育家、思想家、理论家，被誉为世界十大文人之首。当人们朗读这两部古籍时，就会不断地联想起孔子。

孔子以过人的胆识，冒天下之大不韪，以文献典籍传道施教。他把"仁"作为核心，以"礼"为形式，以"中庸"为方法，以人施教的方式，体献文献为宗旨，传递《春秋》文化史。数千年来，多少学者、文人墨客在研究孔子。孔子是怎样的颜容呢？是几千年来人们在传承古文化的一项主要内容。存世的有些画像，是根据一些史传对他们的描述绘画而成的。几千年的画像是不可能保留下来的，在古籍木牍、竹简上，也没有发现老子的画像。因为画像在当时的条件下，也不可能保存完好至今。在地藏、窑藏的条件下也达不到保护画作的保质要求，除非是篆刻在硬物体上。然而在我几十年的收藏古籍、玉器、古文字中，有幸收藏到春秋战国时期的玉牌，《至圣先师》玉嵌金铭文像。在投入大量的人力、物力、财力的研究中，我认为收藏古籍、古玉文字是值得的，即传承了古老文化，又提高了精神内涵，也许解决了一个几千年来的世界之谜，为今后倡导、发扬孔子文化，有了充分的实物佐证和古老的理论依据。文化是无国界的，知识是人类的财富，让我把《孔子弟子铭传》的对话慢慢道来……

前言

"读史书长智慧,用史书创财富,传史书天地宽"、"读万卷书,行万里路"。《论语》以修身治国为诉求,以仁为根本,以善为导向,以学为方法,为人类构建出一座完美的道德之都。这道德之都,是中国传统文化的主流,更是中国人安身立命的基石。读懂《论语》会做人,因此《论语》是一部人人必读的智慧宝典。传华夏古玉文化,承儒家思想文明,做传承孔子文化的宣传者、捍卫者、应用者。

习近平指出,"让书写在古籍里的文字活起来","中华文明绵延数千年,有其独特的价值体系。中华优秀传统文化已成为中华民族的基因,植根在中国人内心,潜移默化地影响着中国人的思想方式和行为方式","每一种文明都延续着一个国家和民族的精神血脉,既需要薪火相传,代代守护,更需要与时俱进,勇于创新。中国人民在实现中国梦的进程中,将按照时代的新进步,推动中华文明创造性转化和创新性发展,激活其生命力,把跨越时空、超越国度、富有永恒魅力、具有当代价值的文化精神弘扬起来,让收藏在博物馆里的文物、陈列在广阔大地上的遗产、书写在古籍里的文字都活起来"。由此,古老文化服务于社会,受益于人民,从而增强社会文化的自信心和凝聚力。

孔子弟子精通"六艺"的有七十二人,现将部分图片正面像和背面的《论语》原文,以及译文的内容,解读,供广大专家、藏友、学者研究参考。

《孟子》有这样的记载:"孟子曰:'以德服人者,中心悦而诚服也,如七十子之服孔子也。"《史记·儒林传》记载:"自孔子卒后,七十子之徒散游诸侯,大者为师傅、卿相,小者友教士大夫,或隐而不见。故子路居卫,子张居陈,澹台子羽居楚,子夏居西河,子贡终于齐。如田子方、段干木、吴起、禽滑釐之属,皆受业于子夏之伦,为王者师。"

孔子弟子铭传

通过学习探索《史记·仲尼弟子列传》，根据《论语》中孔子与弟子的对话，依据撑握的玉牌上铭文，对玉牌的雕工、文字、包浆、沁色、沁脉、钙化等进行分析及文字对比后，确定为古代玉牌真品，是目前为止还没有历史记载的《论语》古玉孤品。特别珍贵的是，孔子及其弟子的嵌金雕像和背面的嵌金《论语》原文，是中国古代文化古籍罕见的稀世作品，是研究孔学的最具体最全面最难得的实物。同时也对研究古玉文化有着特别重要的推动和促进作用。

玉牌为新疆和田碧玉、墨玉质地。人像逼真，生动自然，具有很强的个性特点，又有文人雅士气息，是典型的儒者形象。背面刻《论语》中孔子与其弟子的对话精选段。整体（玉牌）嵌金文字清晰，字体雕琢精细，遒劲有力，聚精刻与嵌金艺术为一体。

孔子在病重期间，孜孜不倦地修订"六艺"，把六艺作为文献典籍来传道施教，要把以"仁"为核心，以"礼"为形式，以"中庸"为方法的精神，体现在文献中。孔子深知，"《春秋》，天子之事也"。按自己的身份是不能修史的，但为了通过《春秋》寄寓自己的政治理想和主张，留给后世明君效法；为了通过《春秋》教授弟子，一代接一代地传下去，培养合乎自己理想的从政人才，继续完成未竟事业，哪怕是冒天下之大不韪，也要硬着头皮去干。孔子曾说："发愤忘食，乐以忘忧，不知老之将至云尔。"这是孔子在修订《春秋》的"总结"。

子贡说："夫子之道，宏大至极，故世莫能行。纵然今日不见用于时，却可传至万古而不灭。一遇有道之明君，自能大行矣。如今各书著述已成，皆寄托夫子之道。故夫子之道犹如日月，必旷万古而常存，与天地同久远……"在颜回、子夏、子游、曾参、子木等众弟子的共同艰苦努力下，儒家思想得到延续和传承。特别在孔子死后，其嫡孙子思在孔子弟子曾参的全力帮助支持下，继承了儒家的思想，发扬光大孔子的学说。这也为我们研究探索儒家思想，总结儒学真谛，有了充分的实物文字依据。而书中的玉牌也填补了孔子弟子真实有名有姓的这项历史空白，对发扬儒家思想有着重要的历史意义和深远的现实意义。

《史记》和《论语》对孔子弟子都有详细的记载，而且有不同版本诠释。本书中主要是依据玉牌的原文进行文字对比、诠译，对原文进行整理编译。而玉牌原文对《论语》原段意，没有加以深层次的解析，因为在诸多的《论语》版本中都有比较详细的解释，读者以及研究《史记》和《论语》的学者都有比较深刻了解，再此就不再一一续解。

本着遵循历史古籍，还原历史真相，学习孔子文化，传承孔子思想，遵孔子的教导，"一代接一代地传下去"的宗旨，为后世传承孔子思想献微薄之力，这是我撰写的初心，也是完成孔子对后人的期望。希望通过本书能使更多的读者宣传与探讨孔子思想，推广孔子文化，使孔子思想为人类创造出更多智慧。

《论语》以修身治国为诉求，以仁为根本，以善为导向，以学为方法，为华夏构建出一座完美的道德之都。这道德之都是中华传统文化的主流，更是中华儿女安身立命的基石。读懂《论语》会做人，《论语》应是一部人人必读的智慧经典。

在编写过程中，得到同仁的鼎力相助，及亲朋好友的支持和帮助。在此表示诚挚的感谢！

邱　斌
2016年10月
于厦门

目录

孔子弟子铭传

至圣先师--------------------01

临淄伯行鲁--------------------09

卫伯伯玉--------------------10

须公颜回--------------------15

滕伯子开--------------------18

彭卫伯开--------------------20

东平伯子产/下槐伯子晳----24

乘氏伯子恒/期思伯子之----26

瑕丘伯子期/蒙伯子木------28

单父伯子贱--------------------32

琅耶伯子骄--------------------33

城纪伯子明--------------------35

北徽伯子徒--------------------37

渔阳伯思--------------------38

东武伯对鱼--------------------40

纪伯子鱼--------------------41

淳于伯子车--------------------43

上洛伯子丕--------------------45

南陵伯子开--------------------48

萧伯子柳--------------------50

少陵伯周--------------------52

营丘伯子禽--------------------55

任伯子周--------------------60

郜伯子华--------------------62

营父伯庸--------------------65

黄伯子石	73
昌平伯子声	77
郯伯子容	78
聊伯子析	79
向伯子牛	80
鲁伯子续	83
武城伯子敛	85
临济伯晳	89
汶阳伯子蔑	90
杞伯路	92
薛侯仲弓	96
费侯子骞	98
郓侯伯牛	100
齐侯予我	102
吴侯子游	108
卫侯子路	110
黎侯子贡	112
清河伯子丘	115
魏侯子夏	120
江伯子羽	122
樊伯子迟	130
莒伯子长	133
郲伯子舆	134
原伯子思	138
祝阿伯子上	139

荥阳伯子徒	140
弁伯子有	141
开阳伯子之	145
睢阳伯子秀	147
鄟伯子旗	149
须句伯子文	150
宿伯皙	162
郑伯季次	165
须曹伯子循	215
徐侯子有	231
朱丘伯子声	246
平陆伯子敛	248
巨野伯子祺	249
任城伯选	282
颍伯子禽	284
鲁伯对鱼	295
雩娄伯子祺	299
少渠伯子南	303
陈伯子张	304
共城伯子羔	310
参考文献	311

至圣先师

　　孔子(前551年九月二十八日——前479年四月十一日),名丘,字仲尼,汉族,春秋时期鲁国陬邑(今山东曲阜东南)人,先祖为宋国(今河南商丘市夏邑县)贵族。中国古代的思想家、教育家和政治家,儒家学派的创始人。

　　孔子集华夏上古文化之大成,在世时已被誉为"天纵之圣"、"天之木铎",是当时社会上最博学者之一,被后世统治者尊为孔圣人、至圣、至圣先师、万世师表,是世界十大文化名人之首。

　　孔子的父亲(叔梁为字,纥为名)是鲁国出名的勇士。孔子出生于鲁国,其先世有宋国公室及殷商王室,十五世祖为宋国第二任国君微仲。六代祖孔父嘉是宋国大夫,曾为大司马,在宫廷内乱中被杀,孔父嘉子木金父避灾逃到鲁国的陬邑定居。

孔子的父亲叔梁纥居住在鲁昌平乡陬邑，为陬邑大夫。叔梁纥与原配施氏连生9个女儿，他望子心切，于是继娶一妾，得子名孟皮，却脚有残疾。

然而叔梁纥在72岁时，又娶18岁的颜徵在，生孔丘仲尼。为得子，叔梁纥曾在尼丘山求拜，故取名丘，字仲尼。

孔子姓氏出自姓，以王父为字氏。据《史记·孔子世家》记载：孔子，宋微子之后。宋闵公长子弗父何，弗父何生宋父周，周生世子胜，胜生考父，考父生孔父嘉。五世亲尽，别为公族，为孔氏。孔父嘉生木金父，木金父生祁父，祁父生防叔。防叔畏华氏之逼，奔鲁。防叔生伯夏，伯夏生叔梁纥，叔梁纥生子孔丘。

孔子施教育人，是以国家"固执政道"为核心，以民众"固执正途"为目标的教学思想为引领，以《春秋》各诸侯国的教化为主流。而不像其他学派那样，东拉西凑，目标短浅的教化，其有着严格的长远计划。集中数年的时间，专事某一方面的研究，诸如普查民俗风情，研究音乐理论等。接着他结合教学实践，深入研究《周礼》。在研、教过程中，遇到了不少难题，而且平时学生关于礼的请教，也常常不能给予圆满的答复，很感内疚。他早听说老聃贯通礼乐的奥旨，深明道德的精义，有心前往周都洛阳拜师求教。

老子姓李，名耳，字伯阳，外字聃，又说谥号聃，楚国人。那时正仕于周，为"守藏室之史"（相当于现在的国家图书馆或历史博物馆馆长）。他熟于掌故，精于历史，谙熟周礼，明于天道，通于历数，虽未开庭设教，但学者络绎不绝。

公元前518年，即鲁昭公二十四年，孔子在鲁，三十四岁。其一行适周都洛阳，拜见了老聃与苌弘，观周朝文物制度，并学礼乐，收获极大，说："周监于二代（夏商），郁郁乎文哉！吾从周。"一行人通过看图文，考古迹，赏《大武》乐舞等内容丰富的求学方式，收获满满。孔子在离开周都前，向老子和苌弘一拜说道："承蒙二位师长指教，弟子终生受益。不日返鲁，还望拨冗延见，以匡不逮！"老子与苌弘相互对视后言道："老朽愚腐，未敢自诩圣贤，仅以齿长之故，临别定为赠言。"

在那郊外迎送的路旁，还是那古老的礼节。而老子在为孔子他们饯行时，手捧一觚清酒说："吾闻富贵者送人以财，仁者送人以言。吾虽不能富贵，而窃仁人之号，请送子以言。"孔子说："诺，丘乐闻之！"老子又说："聪明深察而近于死者，好讥人者也。博辩闳达而危其身，好发人之恶者也。"孔子说："诺，丘谨记之！"

反者道之功，（向相反的方向变化是"道"的运动，）

弱者道之用。（柔弱是"道"的作用。）

祸兮，福之所倚；（灾难啊，幸福紧靠在它的身边，）

福兮，祸之所伏。（幸福啊，灾难埋伏在它的里面。）

多言数穷，（政教法令过多，注定行不通，）

不如守中。（还不如保持虚静无为。）

见素抱朴，（外表单纯，内心朴素，）

少私寡欲。（减少私心，降低欲望。）

圣人方而不割，（圣人方正而不显得生硬勉强，）

廉而不刿，（有棱角而不至于把人划伤，）

直而不肆，（正直而不至于无所顾及，）

光而不耀。（明亮而没有刺眼的光芒。）

老子讲了这些话以后，望了望垂首恭听的孔子，赞赏地说："吾乃以不教之道而授道，尔乃以不问之道而问道。吾道穷矣，尔道通矣！"孔子说："弟子不敢！吾师乃终生之吾师，愿闻道之多矣，久矣！盼早日降趾鲁都，再聆教诲！"

"哈哈！"老子笑道："去吧，盼你有成！"

因此老子在送行孔子时，根据自己的处事情况，告诉孔子说："我听说有钱的人给人送行的时候是送钱，有道德有学问的人给人送行的时候是赠送几句话。我没有钱，姑且冒充一下有道德学问的人，送你几句话吧。第一，你所钻研的，多半是古人的东西。可是古人已经死了，连骨头也烂了，不过剩下那么几句话。你不能把那些话看得太死。第二，有道德有学问的人，生的是时候呢，固然应该出门乘乘车阔绰一下了；如果生的不是时候，只要过得去，也就算了。第三，我听说有句老话，会做生意的都不把东西摆在外面；有极高道德的人，都是很朴实的。你应该去掉骄傲，去掉很多的贪恋，去掉一些架子，去掉一些妄想，这对你都是有好处的。一些事情不要太任性，这样在家庭也合适，在朝廷也合适。我要告诉你的，就这些话了。"

孔子在返回鲁国的路上，深深地回味老子的叮嘱，还不住地赞美，说："鸟，我知道它会飞，可是会飞的鸟常被人射下来。鱼，我知道它会游水，可是游水的鱼常被人全钩上来。兽，我知道它会走，可是会走还是常被人网住。只有一种东西我们不能制它，它爱云里来就云里来，它爱风里去就风里去，它爱上天就上天，这就是传说中的龙。我没法捉摸老子这个人，老子就像龙一样吧。"

老子和孔子都是中国文化史上杰出的人物，他们的会面是灿烂的古代文化史上饶有意义的篇章。

据《史记·仲尼弟子列传》记载，"孔子曰受业身通者七十有七人，皆异能之士也"。其中精通六艺的有七十二人，称"七十二贤人"。

《孔子年谱》：夏曾佑论六经传授，中国的圣经，谓之六艺：一曰《诗》，二曰《书》，三曰《礼》，四曰《乐》，五曰《易象》，六曰《春秋》。其本质都出自于古代圣王，而孔子删定之，笔削去取，皆有深义。自古至今翻译不断。

玉嵌金孔子弟子铭文像牌

原文

子曰："学而时习之，不亦说乎？有朋自远方来，不亦乐乎？人不知而不愠，不亦君子乎？"

译文

孔子说："学了知识以后，并在适当的时候印证练习，不也是感到高兴吗？志同道合的朋友从远方来相聚，不是也感到快乐吗？别人不了解你，而你并不生气，不也是君子的风度吗？"

解读

子：古代对老师、长者的一种尊称，也会在对话中用来互相称呼。在《论语》中所说的"子曰"，是专指孔子所说的话，译文就直接写成"孔子说"，比较明确。

原文

子曰:"君子,不重则不威,学则不固。主忠信,无友不如己者。过,则勿惮改。"

译文

孔子说:"一个具有完美的道德品质的正人君子,如果对自己的道德品质的珍贵价值不加以重视,那么在社会生活中,就不可能使自己的道德品质获得应有的影响力,并发挥应有的作用;一个具有完美的道德品质的君子,即便读尽天下书,所学的知识也不牢固。此外,作为一个正人君子,他在社会生活中应该主张并奉行公平正义和诚实无欺的原则,不要和那些不和自己一样主张,奉行这样的原则的人发展亲密的关系,以不和他们同流合污。这样,纵使自己难免会在社会生活中犯下错误和过失,也决不担心难以改正。"

解读

君子:可以指有一定官位者或有品德者。这里则是指立志成为有品德者的人。

学则不固:所学的知识不牢固。孔子教学的目的之一,其是希望学生以灵活的知识来面对人生挑战。

无友不如己者:如是相似的意思,不能说成比较。前面谈到"主忠信",所以相似自然是以忠信为共同目标,然后可以在正当的志趣上互相勉励。

原文

有子曰:"其为人也孝弟,而好犯上者,鲜矣;不好犯上,而好作乱者,未之有也。君子务本,本立而道生。孝弟也者,其为仁之本与!"

译文

有子说:"一个人能做到孝顺父母与尊敬兄长,却喜欢冒犯上司的,那是很少的;不喜欢冒犯上司,却喜欢造反作乱的,那是不曾有过的。君子要在根基上好好努力,根基稳固了,人生正途就会随之展开来。孝顺父母与尊敬兄长,就是一个人做人的根基啊!"

解读

有子:有若,字子有,鲁国人,小孔子三十三岁。在《论语》中,孔子的学生有四人得到"子"的尊称,即有子、曾子、闵子、冉子。原因可能是《论语》的编者出自他们的门下。

道:人所走的路,在此是指人生正途。可以认为是人生理想、事物法质、社会正义、宇宙规律等。

为仁:古代"仁"与"人"可以通用。"为人"以孝为本,并且由此引出人生正途的道,可以完全呼应前半句的内容,即不会犯上与作乱。如果最后一句谈的是"为仁",则仁与孝的关系将成为复杂的问题。

原文

子曰:"巧言令色,鲜矣仁!"

译文

孔子说:"说话美妙动听,表面讨好热情,这种人是很少有仁爱心的!"

解读

仁：在《论语》中，"仁"字有三义之说，即人之性，人之道，人之诚。意思是要以"仁"来彰显人的整个生命历程，就是如何从潜能走向实现，再抵达完美。人之性是"向善"，人之道是"择善"，人之诚是"至善"。向上须在真诚中，才能自觉；择善更靠智能与勇气，至善则须"死而后已"，所以孔子从不称许同一时代的人为"仁"，对他自己也不例外。

原文

曾子曰："吾日三省吾身，为人谋而不忠乎？与朋友交而不信乎？传不习乎？"

译文

曾子说："我每天好几次这样省察自己：为别人办事，没有尽心尽力吗？与朋友来往，没有信守承诺吗？老师传授的知识，没有印证练习吗？"

解读

曾子：曾参，字子舆，鲁国人，小孔子四十六岁。

三省：古人常以"三"代表"多数"，因此这里所讲的不是三次，也修养品德，不是接着所列的三件事。曾子一生，从爱惜身体到所省察的自然不只这三件事。

为人谋：这三句话有其顺序，先是谈到别人（应指上司），接着谈到朋友，然后及于学习。在"人与人之间"，做好自己所扮演的每个角色，正是走在人生正途上，向着至善前进。

临淄伯行鲁

原文

子曰:"父在,观其志;父没,观其行。三年无改于父之道,可谓孝矣!"

译文

孔子说:"父亲在世时,要观察他的志向;他父亲去世后,要观察他的行为。如果他能长期地遵照他父亲生前的道德规范而没改变,就可以称他是孝子了。"

解读

由于做父母的不可能时时刻刻和儿女在一起,因此,对那些尽职尽力的父母来说,应该利用自己和子女在一起的机会,直接了解观察他们的志愿。他们的志愿只能通过直接的观察才能了解,对于他们的行为准则是可以通过询问的方式来了解。

孔子弟子铭传

卫伯伯玉

> 原 文

子曰:"道千乘之国,敬事而信,节用而爱人,使民以时。"

> 译 文

孔子说:"治理一个千辆兵车的诸侯国,就要严肃认真地对待工作,讲信用,节约费用,爱护官吏,役使百姓必须在农闲时。"

> 解 读

道:在此作动词用,表示、治理之意。

千乘:乘为计量兵车的单位,每乘四匹马。古代天子(帝王)拥有天下,号称万乘之君,诸侯分封则为千乘之国。春秋时代,诸侯各自为政,所以孔子以治理千乘之国为话题。

使一个国家的全体人民都走上道德高尚、生活幸福的道路方法是:对于国家所要达成的正义、善良和道德的目标，必须郑重其事、严肃认真、深思熟虑，又要坚持不懈地去努力，以赢得全体人民对那些致力于这一国家目标的统治者的信任。对于国家的各种经费的开支，必须尽量节减，以表明对为国家提供各种经费的人民的热爱。最后是要公正地、不偏不倚地行使国家的权利，以确保人民能够在一种正义的国家关系和社会秩序中自由地支配和充分地利用一年中有利时间去耕种其田，经营其事业，以证明国家的统治是人民幸福事业的促进力量，而不是人民幸福事业的障碍。

原文

子曰："弟子入则孝，出则弟。谨而信，泛爱众而亲仁。行有余力，则以学文。"

译文

孔子说："年轻人在家要孝敬父母，出外更要敬重兄长。行为谨慎而说话信实，普遍关怀别人并且亲近有善行芳表的人。认真做好这些事后，如有精力，再去努力学习书本上的知识。"

解读

弟子：指后生晚辈，今天称为学生或青少年。

原文

子夏曰："贤贤，易色。事父母能竭其力，事君能致其身。与朋友交，言而有信。虽曰'未学'，吾必谓之'学矣'。"

译文

子夏说:"对待妻子,重视品德而轻视容貌。侍奉父母,能够尽心竭力。为君上服务,能够奋不顾身。与朋友交往,答应的事就要守信用。这样的人,即使他说自己没学习过,我也一定说他是学习过了。"

解读

子夏:卜商,字子夏,卫国人,小孔子四十四岁,是列名于文学科的学生。

贤贤,易色:指夫妻相处的原则。理由是接着所谈三事都是明确的人际关系之道。至于列首位,可能是因为古人认为"君子之道,造端乎夫妇",有夫妇然后有父子,有父子然后有君臣等。

事君:古代拥有属地的皆可称"君",如天子、诸侯、卿大夫。为君所用,就须是君子。今天的意思是指为自己服务的机构或老板工作,但是彼此之间的关系不像古代那么固定。

原文

曾子曰:"慎终追远,民德归厚矣。"

译文

曾子说:"丧礼能慎重,祭祀能虔诚,社会风气就会趋于淳厚。"

解读

慎终:终是指父母去世。人有生必有死,以哀戚之心谨慎举行丧礼,才能表达对死者的尊敬和怀念,也能使活着的人珍惜生命并且努力修德行善。

追远:远,指离我们较远的祖先。定期举行祭祀,提醒我们饮水思源,心存感恩,

然后为人处事也就比较宽厚仁慈。

民德：社会风气。"德"字可以指言行表现与特定作风，也可以指道德上的修养与善行。

原文

子禽问于子贡曰："夫子至于是邦也，必闻其政，求之与？抑与之与？"子贡曰："夫子温、良、恭、俭、让以得之。夫子之求之也，其诸异乎人之求之与。"

译文

子禽请教子贡："老师每到一个国家，一定会听到该国政治的详细资料。这是他自己去找的，还是别人主动给他的？"子贡说："老师为人温厚、善良、恭敬、俭约、谦让，靠着这样才得到的。老师获得的方法与别人获得的方法，还是大不相同的。"

解读

子禽：字子禽，陈国人，小孔子四十岁。

子贡：端木赐，字子贡，卫国人，小孔子三十一岁。

必闻其政：春秋时代，表面上仍是周朝天下，其实诸侯各自为政。孔子周游列国，倡导政治理想，必闻其政，也参与讨论各国政事（其实诸侯国各自为政）。这些国家包括鲁（孔子的家乡）、齐、卫、宋、郑、曹、陈、楚、杞、莒、匡等。

温、良、恭、俭、让：这五点特征是子贡的观察修养到这种境界，好像没有什么个性了。

原文

有子曰："礼之用，和为贵。先王之道，斯为美。小大由之，有所不行，知和而和。不以礼节之，亦不可行也。"

译文

有子说:"礼的作用,贵在处理得恰当。以前的圣明君主治理国家,在这点上做得好。无论大小事,都能以礼来衡量,以做得恰当为目的,如果有行不通的,便要为恰当而求恰当。不用一定的礼法加以制约,也就行不通了。"

解读

先王:古代帝王,如尧、舜、禹、汤、文、武等。

道:在帝王来说,是治国之道,引申为治国规矩。

美:古代美与善,可以通用。善侧重品德的效果,美则形容合宜的事物。

将宇宙的秩序运用于人类社会的政治统治,使人类的关系和谐。以往的贤明君王将这种宇宙的秩序运用于国家治理,因此曾经为人类创造了一个美好的社会。但如果人们在自己的政治活动中只以和谐为目标而不顾原则,一味追求这种和谐,以致对人类生活中的一切伟大与渺小、崇高与卑微、美好与丑恶、正义与非正义的东西都兼收并蓄,并任其自由地存在和发展,这是行不通的。因为这两种完全对立的东西不可能长期共存,并行不悖。对于那些深知社会和谐对于人类幸福生活有珍贵价值的人们来说,如果他们仅仅因为认识到社会和谐对于人类幸福生活的重要意义而一味追求这种和谐,却不知道德是社会和谐的最高准则与规范,那么人们也是不可能达到自己所追求的社会和谐的。

须公颜回

原文

有子曰："信近于义，言可复也；恭近于礼，远耻辱也。因不失其亲，亦可宗也。"

译文

有子说："在社会生活之中，如果人们所说的话是诚实可信并接近于真理的，那么这样的话就是可以被人们一说再说的。在社会生活中，如果人们所抱持的态度公平无私并接近于正义的，那么这样的态度就可以使人们免受耻辱。同样，在社会生活之中，如果人们所遵循的生活原则并不背离生活本身所要求的善良，那么这样的生活原则就可以受人尊重、为人效仿。"

解读

信、恭、因："信、恭、因"三字，前两字都是指与人际相关的一种操守或品德，"因"也不应例外。古代"因"与恩可以通用。近于：接近而不相同。譬如义与礼是原则，而信与恭是实际的作用，所以只能尽量符合原则的要求。这段话代表有子的见解。凡是读到孔子学生的说法，我们都不宜毫无保留地直接转换为孔子的思想。

> 原文

子曰:"君子食无求饱,居无求安,敏于事而慎于言,就有道而正焉。可谓好学也已。"

> 译文

孔子说:"一个君子饮食不求满足,居住不求安适,办事勤快而说话谨慎,主动向志行高尚的人请求教导指正。这样可以称得上是好学的人了。"

> 解读

君子:在此指立志成为君子的人。有道:明白人生正途并且修行成果可观的人。

好学:在此有三个步骤。首先要降低物质享受的欲望,其次要在言行上磨练及改善自己,最后再虚心向良师请益,使自己走在正途上。

> 原文

子贡曰:"贫而无谄,富而无骄,何如?"子曰:"可也。未若贫而乐道,富而好礼者也。"

子贡曰:"《诗》云:'如切如磋,如琢如磨。'其斯之谓与?"子曰:"赐也,始可与言《诗》已矣!告诸往而知来者也。"

> 译文

子贡说:"贫困而不谄媚,富有而不骄傲,这样的表现如何?"孔子说:"还可以。但是比不上贫穷而乐于行道,富有而崇尚礼仪的人。"

子贡说:"《诗经》上说:'就像修整骨角与玉石,要不断切磋琢磨,精益求精。'这就是您所说的意思吧?"

孔子说:"赐呀,现在可以与你讨论《诗经》了!告诉你一件事,你可以自行发挥,领悟到另一件事。"

贫而乐道:道是人生正途。人在穷困时,较能显示志节的高低,这时除了"无谄"之外,如果进而坚持行道,并且以此为乐,就接近"人之成"的境界了。富有的人也可以行道,就是除了"无骄"之外,还须好礼。无谄与无骄,是努力避免的缺点,乐道与好礼则是积极有为的表现。后者显示了更高的境界。

滕伯子开

原文

子曰:"不患人之不己知,患不知人也。"

译文

孔子说:"不用担心别人不了解自己,要担心自己不了解别人。"

解读

不己知:别人不了解我,不但不会减损我的才学与品德,反而促使我更努力进德修业。当然,我也可以循正当途径让别人认识我。

不知人:我不了解别人,这才是大问题。年轻时,我们寻找志同道合的朋友;年长时,要提拔正直有为的后辈。若不知人,难免造成许多错误,悔之莫及。

原文

子曰:"为政以德,譬如北辰,居其所而众星共之。"

译文

孔子说:"以德行来治理国家,就像北极星一样,安坐在它的位置上,其他星辰都环绕着它而展布。"

解读

德:古代有德治、礼治、法治的分别。德治的基础,主要在于帝王本身的品德,因此帝王责任重大,而效果据说也很理想,几乎像是无为而治。事实上,德治与无为而治不同,但是为何天下自然而然归于太平?这是因为孔子对人性有一个基本信念,就是人性向善,所以百姓会自动回应德治的帝王。

原文

子曰:"《诗》三百,一言以蔽之,曰:'思无邪!'"

译文

孔子说:"《诗经》三百篇,用一句话来概括,可以称之为无不出于真情。"

解读

无邪:没有虚伪造作,都是真情流露。文学作品最怕无病呻吟。

彭卫伯开

原文

子曰:"道之以政,齐之以刑,民免而无耻;道之以德,齐之以礼,有耻且格。"

译文

孔子说:"以政令来教导,以刑罚来管束,百姓免于罪过但是不知羞耻。以德行来教化,以礼制来约束,百姓知道羞耻还能走上正途。"

解读

政、刑:自古治国所不能废者,但是只靠政刑(就如只靠法治)是绝对不够的。

德、礼:德是顺应人性的善行。礼是人际行为的规范。在古代,有君臣上下之区别,亲疏远近之等级,衣服宫廷之制定,进退动作之礼仪等。

由于"齐之以刑"见于传世文献,而玉牌铭文却用"齐之以德",因此关于"刑"与"德"的问题,值得进一步思考商榷。

原文

子曰："吾十有五而志于学，三十而立，四十而不惑，五十而知天命，六十而耳顺，七十而从心所欲，不逾矩。"

译文

孔子说："我十五岁时，立志于学习；三十岁时，可以立身处世；四十岁时，可以免于迷惑；五十岁时，可以领悟天命；六十岁时，可以分辨是非真假；七十岁时，可以随心所欲，却不越出规矩。"

解读

学：学的内容、方法与目的。

立：这是学习做人处世的成效，由此立于礼，走上人生正途。

不惑：由于兼顾，学与思，并重学于行，对于人间一切事物都能明白其道理而不再困惑。

知天命：领悟自己负有使命，必须设法去完成。这种使命的来源是天，所以称为天命。孔子的天命包括三项内容：（一）从事政教活动，使天下回归正道；（二）努力择善固执，使自己走向至善；（三）了解命运无奈，只能尽力而为。

顺：由知天命而畏天命，然后对天命的具体要求，必须顺从与实践。孔子从五十五岁至六十八岁周游列国，备极艰苦，在别人看来是天之"木铎"，是"知其不可而为之"，并且两次遇到生命危险时，都立即诉求于天，表示他是顺天命而行。

耳顺：耳为衍文。理由是：（一）孔子自述的六个阶段都是直接以动词描写修行的进境，不宜有列外。（二）顺天命与孔子生平事迹完全相应，耳顺则无合理的解释。（三）敦煌石经的版本是"六十如顺"，无耳字。（四）孟子私淑孔子，谈"顺天命"，并且在宣称"舍我其谁"时，正是想要顺天命。除此之外，他也未曾提起耳顺。

七十：这是天人合德的体验。不过，由此可知"从心所欲"很难"不逾矩"，因此不能认为心是本善的。这一点另外还会说明。

原文

孟懿子问孝。子曰："无违。"

樊迟御，子告之曰："孟孙问孝于我，我对曰：'无违。'"樊迟曰："何谓也？"子曰："生，事之以礼；死，葬之以礼，祭之以礼。"

译文

孟懿子请教什么是孝，孔子说："不要违背礼制。"

樊迟为孔子驾车时，孔子对他说："孟孙问我什么是孝，我回答他：'不要违背礼制。'"樊迟说："这是什么意思呢？"孔子说："父母活着的时候，依礼的规定来奉侍他们；父母过世后，依礼的规定来安葬他们，依礼的规定来祭祀他们。"

解读

孟懿子：鲁国大夫仲孙无忌，曾经奉父亲孟僖子之命，向孔子学礼。当时鲁国有孟（即原来的仲）、叔、季三位大夫把持朝政，经常违礼僭礼。孔子因材施教，提醒孟懿子即使在父母死后也须遵守礼制，否则仍是不孝。稍后孔子以"孟孙"称之，乃称其家之氏名。

无违：只有无违于礼，才能实现孝顺之心意。内在的孝心与外在的礼法配合，才是孝的实践。

樊迟：字子迟，孔子的学生，鲁国人，小孔子四十六岁。

原文

孟武伯问孝。子曰："父母唯其疾之忧。"

译文

孟武伯请教什么才是孝，孔子说："做父母的只为子女的疾病忧愁。"

解读

孟武伯：仲孙彘，孟懿子的儿子。

忧：子女各方面表现良好时，才能使父母"只为"他们的疾病担心而不必再担心其他的问题，这样就表现了孝的行为。疾病不是人力可以控制的，所以子女更要多加保重身体。

原文

子曰："吾与回言终日，不违如愚。退而省其私，亦足以发，回也不愚！"

译文

孔子说："我整天与颜回讲学，他都没有任何质疑，好像是个愚笨的人。离开教室以后，留意他私下的言语行为，却能够发挥不少心得，颜回并不愚笨啊！"

解读

回：颜回，字子渊，又称颜渊，鲁国人，小孔子三十岁。列名于德行科第一，又被孔子推为唯一好学的弟子。

不违：不觉得老师说的有不对。这里有三种可能性：（一）真的笨；（二）完全不用心，（三）领悟力很强，一听就懂，所以能接受。颜回属于第三种，不过在此必须有两个前提：一是老师讲的在理，二是学生听完后要证明自己确实有心得。

孔子弟子铭传

东平伯子产 / 下邳伯子皙

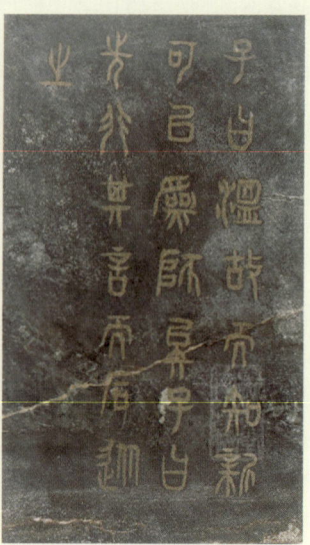

子曰:"温故而知新,可以为师矣。"

孔子说:"温习过去的知识能知晓新的,就可以做老师了。"

师:广义的老师,凡有一技之长(包括知识技能),都可以传教别人的,都包括在内。这里所说的不是老师的资格与条件,而是老师本身的技能。

原文

子贡问君子。子曰:"先行其言,而后从之。"

译文

子贡问孔子,请教怎样才是君子。孔子说:"先去实践自己要说的话,做到以后再说出来。"

解读

言:指德行方面的言论,因为这里问的是"君子"。大家都说"人应该孝顺",君子就应做到才说。

乘氏伯子恒 / 期思伯子之

原文

子曰:"君子周而不比,小人比而不周。"

译文

孔子说:"君子团结人,但不勾结他人;小人勾结他人,但没有团结。"

解读

君子:指在位者或成德者。

小人:指无位者或未成德者。

周:君子走在人生正途上,只要遇到志向合道的人,不论是不是亲朋好友,同党同派,都可以友善相处。这里可译为"开诚布公",是就君子没有预定的成见或私心而言,不表示他是没有原则的乡愿。

原文

子曰:"学而不思则罔,思而不学则殆。"

译文

孔子说:"学了而不思考就会迷惘,心中琢磨而不去学(前人的总结)则会疑惑僵死。"

解读

学:学生得自书本与老师者,如果不能进而思考其中的道理,不但容易忘记,而且无法应用于生活上。

瑕丘伯子期／蒙伯子木

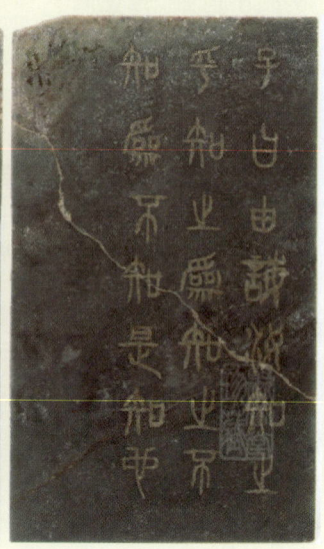

原文

子曰："由，诲汝知之乎！知之为知之，不知为不知，是知也。"

译文

孔子说："子路，我告诉你什么叫求知吧！知道就是知道，不知道就是不知道，这就是真正的知道。"

解读

由：仲由，字子路，鲁国人，小孔子九岁。列名于政事科。

知之：知道就是知道，不知道就是不知道，不必缺乏信心。不虚张声势，才能脚踏实地，认真学习。

原文

子张学干禄。子曰:"多闻阙疑,慎言其余,则寡尤;多见阙殆,慎行其余,则寡悔。言寡尤,行寡悔,禄在其中矣。"

译文

子张请教怎样谋官职得俸禄。孔子说:"多听各种言论,有疑惑的放在一边,然后谨慎去说自己有信心的,这样就会减少错误;多看各种行为,有不清楚的放一边,然后谨慎去做自己有把握的,这样就能减少自己的后悔。说话很少错误,做事很少有可悔恨的地方,官职与俸禄自然不是问题。"

解读

子张:颛孙师,字子张,陈国人,小孔子四十八岁。

干禄:从政做官,得到俸禄。这是古代读书人的主要出路,目的可以包括追求功成名就与造福百姓。孔子所教的,显然重在修身,修身而有官位,自然会勤政爱民。

原文

哀公问曰:"何为则民服?"孔子对曰:"举直错诸枉,则民服;举枉错诸直,则民不服。"

译文

鲁哀公问说:"要怎么做百姓才会顺服?"孔子答说:"提拔正直者,使他们位于偏曲者之上,百姓就会顺服;提拔邪曲者,使他们位于正直者之上,百姓就不会顺服。"

> **解读**

哀公：当时的鲁君，为定公之子。孔子与鲁哀公的问答都是在他六十八岁时回到鲁国以后的事。

直：正直者，秉持原则，尽忠职守。

> **原文**

季康子问："使民敬、忠以劝，如之何？"子曰："临之以庄，则敬；孝慈，则忠；举善而教不能，则劝。"

> **译文**

季康子问说："要使百姓尊敬，尽忠与劝勉，应该怎么做？"孔子说："以庄严态度面对百姓，他们会尊敬；以仁慈之心照顾百姓，他们就会尽心；提拔好人，教育能力差的人，百姓就勤勉。"

> **解读**

季康子：季孙肥，当时鲁国执政的上卿。孔子与季康子的问答是在他晚年回到鲁国以后的事。

孝慈：对待百姓像对待亲人。先说庄严再说孝慈，正如"父严母慈"，百姓自然既敬又忠。

劝：相互劝勉以求振作。从孔子的回答来看，振作的目标应该是走上善途。

原文

或谓孔子曰："子奚不为政?"子曰："《书》云：'孝乎惟孝，友于兄弟，施于有政。'是亦为政，奚其为政?"

译文

有人对孔子说："你为什么不参与政治?"孔子说："《书经》上说：'最重要的是孝敬父母，友爱兄弟，再推广到政治上去。'这就是参与政治了，为什么做官才算参与政治呢?"

解读

孝、友：人人都能孝敬父母，友爱兄弟姐妹，家庭自然和乐。推广到整个社会，政治也就上轨道了。这是古代的理想，在舜的身上或许可以实现。

单父伯子贱

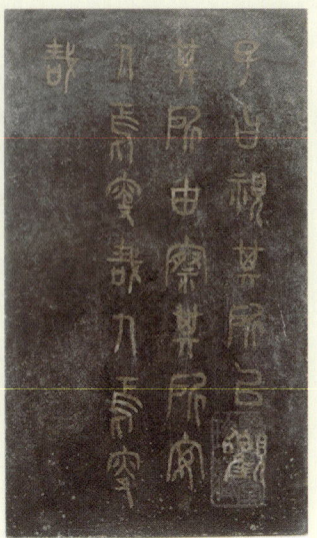

原文

子曰："视其所以，观其所由，察其所安。人焉廋哉！人焉廋哉！"

译文

孔子说："审视（一个人）所做的事，观看他的经历，察验他做事的心情。这个人何处藏匿呢？这个人怎么藏匿呢？"

解读

视、观、察：三者都是由我去看，看的方法是要明白、清楚、仔细，看的对象是他的现在、过去、未来的表现。

琅耶伯子骄

原文

子曰:"人而无信,不知其可也。大车无輗,小车无軏,其何以行之哉?"

译文

孔子说:"一个人如果没有诚信,不知道他怎么可以做事。正如牛车没有輗,马车没有軏一样,又怎么能够行驶呢?"

解读

輗、軏:古代以大车为牛车,小车为马车。车前有横木套住牛马,横木的连接关键部分分别称为輗与軏。难以深究輗軏,只知道孔子以此为喻,说明"信"为立身行世的基本条件。

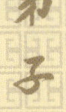

原文

子张问:"十世可知也?"子曰:"殷因于夏礼、所损益,可知也。周因于殷礼,所损益,可知也。其或继周者,虽百世,可知也。"

译文

子张请教:"未来十代的制度现在可以知道吗?"孔子说:"殷朝沿袭夏朝的礼制,所废除的与增加的,可以知道;周朝沿袭殷朝的礼制,所废除的与增加的,可以知道。以后若有接续周朝的国家,就算历经百代,也可以知道它的礼制。"

解读

世:与"代"通用,有的指"三十年为一世",有时指"父子相受为一世",在古代政治上就是新君即位。因此,这里所问的十代以后的君主,是指制度而言。

损益:根据前两次的损益,可以推知什么是礼制中不可损与不可益的,再推到世世代代,皆是如此。

城纪伯子明

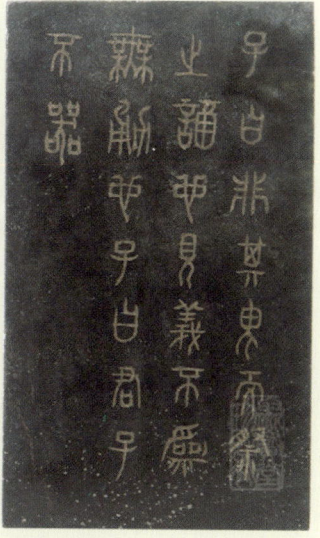

原文

子曰:"非其鬼而祭之,谄也。见义不为,无勇也。"

译文

孔子说:"不是自己族群的鬼神而去祭他,这是谄媚。见到应该做的事情而不去做,这是没有勇气。"

解读

鬼:古代相信人死为鬼,因此祖先皆称为鬼,受享子孙的祭祀。此外,人还各依身份规定,可以祭祀别的鬼神。孔子并没有怀疑鬼神的存在,只是强调人对鬼神不应有谄媚与求福之心。这里所批评的两件事,分别是"不当为而为"与"当为而不为",都是人们常犯的毛病。

原文

子曰:"君子不器。"

译文

孔子说:"君子不可像器皿(只一种用途)。"

解读

不器:不像器物一样只局限于一种用途。这里是孔子强调学者应该广学多闻,无所不能。

北徽伯子徒

原文

子曰:"今之孝者,是谓能养。至于犬马,皆能有养。不敬,何以别乎?"

译文

孔子说:"现今的孝,是说能够养活(父母便是孝)。至于狗马都能得到养活。没有恭敬(从命),与养狗马有什么区别?"

解读

子游:姓言,名偃,字子游,吴人。列名文学科。

能养:包括饮食起居的照顾与俸侍。犬马对人的服侍则指可以守卫、拉车等。

渔阳伯思

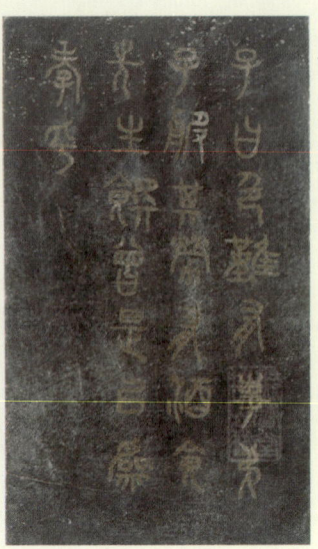

原文

子曰："色难！有事，弟子服其劳；有酒食，先生馔。曾是以为孝乎？"

译文

孔子说："子女待父母有好脸色是件难事！有事情，年轻的去服侍操劳；有酒食时，让长辈享用。（你们）竟然以为这是孝了吗？"

解读

色难：孝顺出于子女对父母的爱，这种爱心表现在自然和悦的神情与脸色。这种爱远比请父母吃饭要难得多。

弟子：弟子与先生对举，是指年轻人与年长的人，也可以指学生与老师。因此，对父母的亲爱之情，还要超出学生对老师的敬爱。

原 文

子曰:"里仁为美。择不处仁,焉得知?"

译 文

孔子说:"居住在民风淳厚的地方是最理想的。一个人选择住在民风不淳厚的地方,怎么算得上明智呢?"

解 读

仁:民风淳厚,这是许多人走在"人生正途"上的效果。前面多次译"仁"为"真诚心意",是就个人而言的。人与人以真诚实意来往,所以形成的就是淳厚的风气。

美:兼具道德含意与欣赏评价,肯定其为合宜适当,所以译为最理想的。

东武伯对鱼

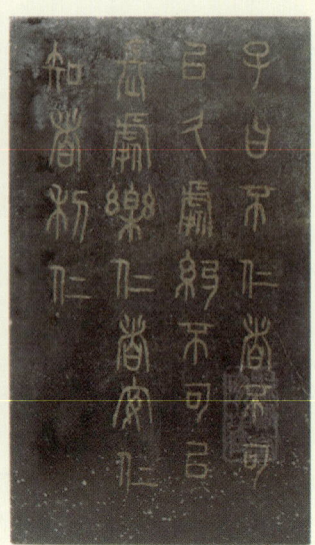

原文

子曰:"不仁者,不可以久处约,不可以长处乐。仁者安仁,知者利仁。"

译文

孔子说:"没有仁德的人,不可以长久处在穷困中,不可以长久地处在欢乐中。有仁德的人安于仁德,有智慧的人用仁的好处来实行仁德。"

解读

仁:在此就人之道(人生正途)而言的。因此,人生正途的具体内含是"择善固执",如此才能做到本文所说的"久处约,长处乐"。

安仁:就是以择善固执为自然的(本性所要求的)作为。至于利仁,则是以"择善固执"为有利于完成人生的目的与作为。

纪伯子鱼

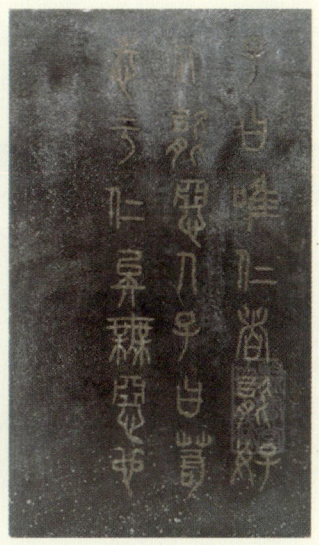

原文

子曰:"唯仁者,能好人,能恶人。"

译文

孔子说:"只有仁德的人能够喜欢人,能够讨厌人了。"

解读

仁者:行仁的人择善固执,没有偏私之心或其他顾虑,所以能够分别对好人与坏人表现适当的态度。

原文

子曰:"苟志于仁矣,无恶也。"

译文

孔子说:"如果立志行仁,就不会有坏处了。"

解读

志:以仁作为标志目标,其过程即是行仁,也是努力择善固执,这样自然不会再做坏事。

恶:孔子标举"仁"字来总括人生应有的价值取向,其中第一步就是去恶从善。由于仁字不完全等于善字,所以孔子这里说法并非同义反复。立志之后,还须学习如何择善与如何固执,而这些正是孔子教学的重点所在。

淳于伯子车

原文

子曰:"能以礼让为国乎,何有?不能以礼让为国,如礼何?"

译文

孔子说:"能够凭借礼让治理国家吗?这样有什么问题呢?不能够凭借礼让治理国家,那又怎样来对待礼仪呢?"

解读

礼让:礼是人际关系的具体规范,让是人与人互相尊重的表现。"礼让"合称则指礼貌谦让的态度。

原文

子曰："参乎！吾道一以贯之。"曾子曰："唯。"

子出，门人问曰："何谓也？"曾子曰："夫子之道，忠恕而已矣。"

译文

孔子说："参啊！我的人生观是由一个中心贯穿起来的。"曾子说："的确如此。"

孔子出去后，别的学生就问曾子说："老师所指的是什么？"曾子说："老师的学说只是忠与恕罢了。"

解读

参：曾参，字子与，鲁国人，小孔子四十六岁。

道：包括行事作风、人生理想、基本学术等。对个人而言，可以用"人生观"一词来概括。

一以贯之：指用完整系统或中心思想来贯穿。

忠恕：在《论语》中，对孔子学生的话要有分辨，就是学生的话代表个人心得，而未必"完全等于"孔子的思想。"忠恕"代表曾子对孔子人生观的理解，而不完全等于孔子的人生观。

上洛伯子丕

原文

子曰:"君子谕于义,小人谕于利。"

译文

孔子说:"君子晓于义理,小人晓于利益。"

解读

君子:在此理解为"立志或努力成为"君子的人,小人则是"无心或放弃成为"君子的人。

原文

子曰:"君子欲讷于言,而敏于行。"

译文

孔子说:"君子应该木讷于言语,而敏捷于行动。"

解读

谕:现在通行本都为"喻",同。

原文

子曰:"见贤思齐焉,见不贤而内自省也。"

译文

孔子说:"看见德行卓越的人,就要想努力像他那样;看见德行有亏的人,就要反省自己是否有犯同样的毛病。"

解读

思:保持头脑清醒,看到别人在德行上的表现时,立刻省察自己应该如何做。能够如此,天下人都是我的老师。

原文

子曰:"事父母几谏,见志不从,又敬而不违,劳而不怨。"

孔子说:"服侍父母时,发现父母将有过错,要委婉劝阻;看到自己的心意没有被接受,仍然要恭敬而不触犯他们,内心忧愁,但是不去抱怨。"

几:隐微的征象。父母是人,自然可能犯错,子女最好事先委婉相劝。如果行不通,仍须谨守不违不怨的原则,除此之外,只有子女自己努力积德行善了。

南陵伯子开

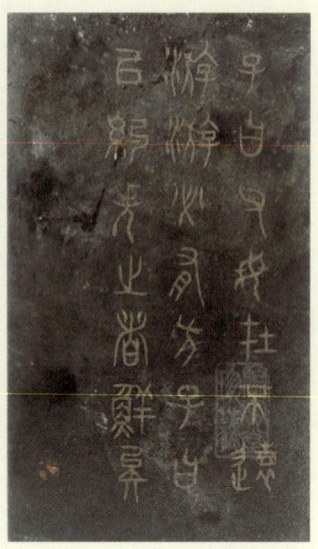

原文

子曰："父母在，不远游，游必有方。"

译文

孔子说："父母健在的时侯，不到远处游行，如果要出游，一定要有方向。"

解读

游：古代有求学与求官，另外也有游历、游玩。重点在于不要使父母挂念。

原文

子曰:"以约失之者鲜矣。"

译文

孔子说:"一个能够充分理性地约束节制自己过多的贪婪欲望而乐于过那种自然纯朴的简单生活的人,失去理性以至使自己犯下罪行,沦为罪犯的事例是非常罕见的。"

原文

子曰:"三年无改于父之道,可谓孝矣。"

译文

孔子说:"如果能多年之久不改变父母做人处世的好作风,就可以称得上是孝顺了。"

解读

凡在《论语》中谈到父子的地方,今天都应理解为父亲与子女。

萧伯子柳

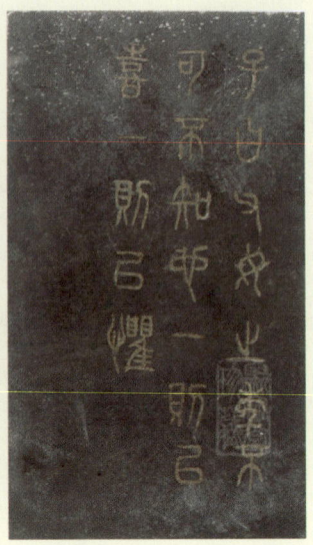

原文

子曰:"父母之年,不可不知也。一则以喜,一则以惧。"

译文

孔子说:"父母的年龄,子女不可以不知道。(如果父母年龄已高)一方面感到喜悦,一方面感到担忧。"

解读

喜:喜与惧,同时出现,正是人类情感的特色。能够见此而思彼,做人做事就有分寸了。孔子三岁丧父,十七岁丧母,却能说出如此贴切子女之心的话,可见他的感通能力确有过人的地方。

原文

子曰:"古者言之不出,耻躬之不逮也。"

译文

孔子说:"古代的人说话不轻易出口,因为他们以来不及做为可耻。"

解读

古者:古代的人。孔子心目中的古者,显然是经过选择,可以作为示范的人。所以我们不必想象是否所有古人皆是如此。

少陵伯周

原文

子曰："不患无位，患所以立。不患莫己知，求为可知也。"

译文

孔子说："不害怕没有职位，只害怕凭借什么本领来任职（在这个职位上）。不害怕没有人知晓自己，努力追求就可以让人知晓（自己）。"

解读

位：古代"位"、"立"通用，在此都指官位而言，不过原文既然用"立"，则立身处世的含义更为周延。

原文

子谓公冶长,"可妻也,虽在缧绁之中,非其罪也"。以其子妻之。

译文

孔子谈到公冶长,"可以把女儿嫁给他。虽然曾有牢狱之灾,但并不是他的罪过"。孔子把女儿嫁给了他。

解读

公冶长:姓公冶,名长,字子张。鲁国人,孔子的学生。

罪:指违法之罪。传说中,公冶长是因为听懂鸟语而被诬枉入狱的。

原文

子谓南容,"邦有道,不废,邦无道,免于刑戮"。以其兄之子妻之。

译文

孔子谈到南容,"国家政治上轨道,他不会没有官做;国家政治不上轨道,他可以避免受刑与被杀"。孔子把哥哥的女儿嫁给了他。

解读

南容:南宫适,又名韬,孔子的学生。

原文

子谓子贱,"君子哉若人!鲁无君子者,斯焉取斯"。

译文

孔子谈到子贱,"这人是个君子啊!若鲁国没有君子的话,他怎么能学到这样的好品德?"

解读

子贱:宓不齐,字子贱,鲁国人,小孔子三十岁。

他的轶事是:治理单父县时,德治教化为一时之盛。原因是他知人善任,同时也印证了鲁国有不少人才。

营丘伯子禽

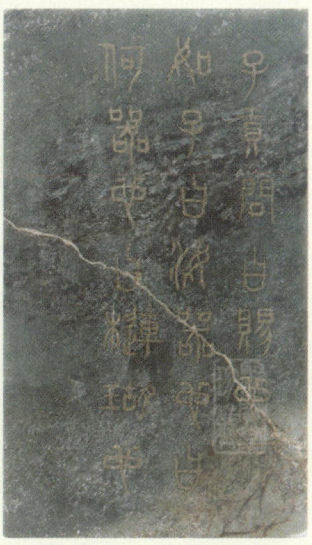

原文

子贡问曰:"赐也何如?"

子曰:"汝,器也。"曰:"何器也?"曰:"瑚琏也。"

译文

子贡问孔子:"我是怎样一个人?"孔子说:"你像一种器具。"子贡说:"是什么器具?"孔子说:"是宗庙里的瑚琏。"

解读

器:有特定用途的器具。肯定子贡是个专业人才,但是还须在成德上努力。

瑚琏:宗庙里面的器物,用来盛装黍稷。玉石中刻作"槤瑚",只是叫法不同。

原文

或曰:"雍也,仁而不佞。"子曰:"焉用佞?御人以口给,屡憎于人。不知其仁也,焉用佞?"

译文

有人说:"雍这个人有仁德,但是口才不好。"孔子说:"何必需要口才好?以强辩的口才与别人争论,常常引起别人的讨厌。我不知道他是不是行仁,但是何必需要口才善巧?"

解读

雍:冉雍,字仲弓,鲁国人,小孔子二十九岁。列名于德行科。

仁:行仁,《论语》用"仁"字形容人的品德时,都有动的含义,也就是走在仁的道路上。简单地说,这是指"人之道"而言的,需要"择善固执"。仁如果指"人之成"而言,则已达完美人格,当然是孔子所未见的。

佞:花言巧语。孔子的学生有"言语"科,可见孔子并未忽视言语表达的重要。但是如果光是耍弄口才,就不值一谈了。

原文

子使漆雕开仕。对曰:"吾斯之未能信。"子说。

译文

孔子安排漆雕开去做官。漆雕开回答说:"我对于这做官还没有信心"。孔子听了感到很高兴。

解读

漆雕开：姓漆雕，名开，原名启，小孔子十一岁。

说：孔子高兴的原因是漆雕开能反省，了解自己，知道尚须进德修业，而不急着要做官。这种自我要求的态度正是孔子所乐见的。

原文

子曰："道不行，乘桴浮于海。从我者，其由与？"子路闻之喜。子曰："由也，好勇过我，无所取材。"

译文

孔子说："我的理想没有机会实现，我想干脆乘着木筏到海外去。跟随我的，大概只有仲由吧！"子路听了喜形于色。孔子说："由啊！你好勇敢超过我，但是没有地方可以找到适用的木材啊！"

解读

道：就个人而言，是人生观或理想，也就是个人对于世间一切的体认。

海：浮海的目的是要远赴海外，就是后来孔子"想居九夷"的想法。

取材："材"通"裁"，就是裁定事理。这里是比喻，显示师生之间有共赴理想的相惜之情。

原文

孟武伯问："子路仁乎？"子曰："不知也。"又问。子曰："由也，千乘之国，可使治其赋也，不知其仁也。""求也何如？"子曰："求也，千室之邑、百乘之家，可使为之宰也，不知其仁也。""赤也何如？"子曰："赤也，束带立于朝，可使与宾客言也，不知其仁也。"

译文

孟武伯问孔子:"子路达到仁德的标准了吗?"孔子说:"我不知道。"他又再问孔子,孔子说:"仲由啊,一个千乘的诸侯国可以派他带领军队,但是我不知道他是否有仁。"

"冉求,怎么样呢?"孔子说:"冉求啊,一个千户的领地可以派他担任长官,但是我不知道他是否有仁。"

"赤,又怎么样呢?"孔子说:"赤啊,他穿戴整齐在朝廷上,可以派他与贵宾交流,但是我不知道他是否有仁德。"

解读

仁:孟武伯所说的"仁",又不知其意,所以举几位孔子的学生来说明。因此他的问话是比较空泛的"仁标准"。

不知:孔子说不知,是因为"仁"是择善固执,要一生都在努力培养完美人格,才能盖棺论定。

赤:姓公西,名赤,字子华,又称公西华。鲁国人,小孔子四十二岁。

原文

子谓子贡曰:"女与回也孰愈?"对曰:"赐也何敢望回?回也闻一以知十,赐也闻一以知二。"子曰:"弗如也,吾与女弗如也。"

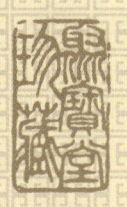

译文

孔子对子贡说:"你与回,谁较优秀?"子贡回答说:"赐怎么敢和回相比呢?回听到一种道理可以领悟出十种相关的道理;赐听到一种道理只能领悟出两种相关的道理。"孔子说:"你是比不上,我赞同你,是比不上"。

解读

闻一知十：对一种道理的领悟透彻，触类旁通。

闻一知二：对一种道理的领悟，有相当把握，但是不到透彻程度。

与：孔子一句话同时肯定了两位学生，就是老师不必各方面都胜过学生，孔子立下了表率。

原文

宰予昼寝。子曰："朽木不可雕也，粪土之墙不可圬也。于予与何诛？"子曰："始吾于人也，听其言而信其行；今吾于人也，听其言而观其行。于予与改是。"

译文

宰予在白天睡觉。孔子说："腐烂的木头没办法用来雕刻，粪土似的墙壁没有办法涂。我对宰予有什么责备的呢？"孔子又说："当初我对待别人，听到他的话就相信他的行为；现在我对待别人，听到他的话，还要观察他的行为。我是看到宰予的事情才改变态度的。"

解读

昼寝：白天睡觉。除了生病或有特殊的原因（如上夜班），否则白天睡觉就是懒散的表现。就今天的情况来看，午睡应该不在此列。

诛：责怪。前两句比喻都是以内心的真诚状态而言，烂木与粪墙都是本身素材不好，所以很难美化。

言：宰予就是言语科的高才生，想必是言之有理，使孔子认为他可以言行合一，事实上未必如此。

任伯子周

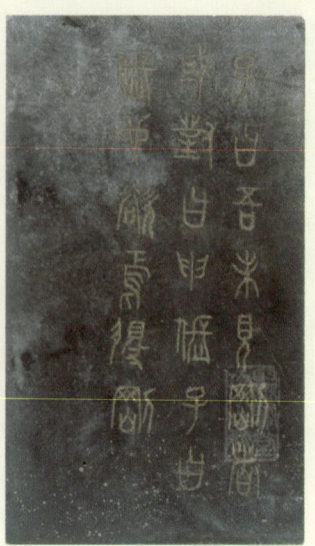

原文

子曰:"吾未见刚者。"或对曰:"申枨。"
子曰:"枨也欲,焉得刚?"

译文

孔子说:"我没见过刚强的人。"有人回答说:"申枨就是。"孔子说:"枨有不少私欲,怎么做到刚强呢?"

解读

申枨:申党,字周,鲁国人,孔子的学生。

刚:有欲难刚,无欲则刚。有欲易受制于外,无欲则不受于外界的干扰,但又非消极无为,还须积极进取,并且不能陷于狂妄。

原文

子贡曰:"我不欲人之加诸我也,吾亦欲无加诸人。"子曰:"赐也,非尔所及也。"

译文

子贡说:"我不愿意别人把事加在我身上,我也不想加在别人身上。"孔子说:"赐啊,这不是你做得到的。"

解读

我:子贡说自己的志向,就是孔子所说的"己所不欲,勿施于人"。但是这种志向说起来容易,做起来难,要一生的努力才能证明。

非尔所及:除了这种目标很难达成外,另外可能有一种理由,就是子贡用"吾亦欲"来表示"主动意愿",因而比"勿施于人"单纯的劝诫与禁止困难得多。孔子的话不是泼冷水,而是提醒他不要低估挑战。

郜伯子华

原文

子贡曰："夫子之文章，可得而闻也。夫子之言性与天道，不可得而闻也。"

译文

子贡说："老师传授的学问，是可以听到的。老师说的人性和天道，从来没有听到。"

解读

文章：表现在外的知与行。

性：人性。孔子的"仁"就是对人性的观点，所提的人生观应是行之道。有此性，才有此道，如《中庸》所说："率性之谓道。"子贡感叹没有听到老师直接谈人性。

天道："天道"侧重的是天的客观规律与天对人世的祸福效应。"天命"则偏重于人对天意的主观领悟与实践天意的责任，如孔子"五十而知天命"。孔子的天命观由当时流行的天道观推衍而来。这是子贡想要了解的地方。因此，为了明白仁与天命，必须先了解性与天道。子贡能够同时提出这两点，已经是极为宝贵的心得了。

原文

子路有闻，未之能行，惟恐有闻。

译文

子路听到了做人处世的道理，还没能够实践以前，就怕自己又听到新的道理。

解读

行：做人处世是一生的考验，因此不可能实践了一种道理后再去实践另一种，但至少要努力一段时间，有"能行"的把握后，再去学习新的。

原文

子贡问曰："孔文子何以谓之'文'也？"子曰："敏而好学，不耻下问，是以谓之'文'也。"

译文

子贡问说："孔文子凭什么有'文'的谥号？"孔子说："他既聪明又好学，不把放下身段向人请教为可耻，所以称他为'文'。"

解读

孔文子：卫国的大夫孔圉。

文：谥号，人死之后所得的称号。谥号是人一生的言行总结，通常取其优点。

原文

子谓子产："有君子之道四焉：其行己也恭，其事上也敬，其养民也惠，其使民也义。"

译文

孔子评论子产说："有四种行为合乎君子作风：他的态度保持恭谨，服侍君上敬意，教养百姓广施恩惠，役使百姓有分寸。"

解读

子产：郑国大夫公孙侨，字子产，孔子学生。在郑国担任卿相二十二年。

莒父伯庸

原 文

子曰:"伯夷、叔齐不念旧恶,怨是用希。"

译 文

孔子说:"伯夷和叔齐不记念过去的仇恨,怨恨因此就很少了。"

解 读

伯夷、叔齐:殷代末年孤竹国国君的儿子,互以王位相让,一起逃往西伯昌(周文王)的领地。劝阻武王伐纣而未成,后来就不愿"食周粟",饿死在首阳山。

晏平仲:名婴,齐国大夫。孔子三十六岁时,旅居齐国,齐景公有意任用他。后因晏婴反对而作罢。

原文

子曰:"晏平仲善与人交,久而敬之。"

译文

孔子说:"晏平仲善于和别人交往,久了别人反而更敬重他。"

解读

敬:两个人相处久了,若能保持敬意,才是难得。

原文

子曰:"臧文仲居蔡,山节藻棁,何如其知也!"

译文

孔子说:"臧文仲把大龟壳放在斗拱上柱头刻成山的形状,梁柱上则画着藻草,这算得上大家所说的明智啊!"

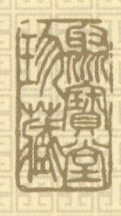

解读

臧文仲:鲁国的大夫臧孙辰,谥"文"。

原文

子张问曰:"令尹子文三仕为令尹,无喜色;三已之,无愠色。旧令尹之政,必以告新令尹。何如?"子曰:"忠矣。"曰:"仁矣乎?"曰:"未知,焉得仁。"

"崔子弑齐君,陈文子有马十乘,弃而违之。至于他邦,则曰:'犹吾大夫崔子也。'违之。之一邦,则又曰:'犹吾大夫崔子也。'违之。何如?"子曰:"清矣。"曰:"仁矣乎?"曰:"未知,焉得仁?"

译文

子张问说:"楚国宰相子文多次出任宰相,没有得意的神色;多次被去职,也没有不悦的神色。去职时,一定把过去的政务,告诉接任的宰相。这个人怎么样?"孔子说:"尽忠职守。"又问:"达到仁的标准了吗?"孔子说:"不知道,怎么样才能说是合乎仁的要求呢?"

"崔子以下犯上,杀了齐庄公。陈文子有四十匹马,全部放弃,离开齐国。到了另一个国家,就说:'这里的执政者跟我们的大夫崔子差不多。'又离开。又到了另一个国家,又说:'这里的执政者同我们的大夫崔子差不多。'然后又离开。这个人怎么样?"孔子说:"清白了。"又问:"达到仁的标准了吗?"孔子说:"不知道,怎么能算是合乎仁的要求呢?"

解读

子文:名斗谷子菟。楚国的宰相称为令尹。

崔子:名崔杼,齐国大夫,弑其君庄公。此事发生在孔子四岁时。崔杼后来所立的是齐景公。

陈文子:名须无,齐国的大夫。

仁:在子张看来,仁是坚持某种德行(忠、清)而达到极高的水平,所以才提出这

两个问题。因此,译为"仁的标准"。但是,孔子的回答却是侧重"行仁",这是需要"择善固执"的,不能只以一种德行来界定。

原文

季文子三思而后行。子闻之,曰:"再,斯可矣。"

译文

季文子每件事都要考虑多次才去做。孔子听到这种描述后,说:"考虑两次就可以了。"

解读

季文子:季孙行父,鲁国大夫。他在孔子出生前十三年已去世,因此孔子听到的是别人说的。

三思:多想代表谨慎,但是想得多可能错失时机,或者犹豫不决。

再:第二次。凡事要想如何去做。

原文

子曰:"宁武子,邦有道,则知,邦无道,则愚。其知可及也,其愚不可及也。"

译文

孔子说:"宁武子在国家清明时,显得很明智;在国家黑暗时,就装很愚笨。他的明智,别人做得到,他的愚笨别人做不到。"

解读

宁武子：宁俞，卫国大夫。

愚：装得像真的一样，可以避免不必要的麻烦，的确是大智若愚。

原文

子在陈，曰："归与！归与！吾党之小子狂简，斐然成章，不知所以裁之。"

译文

孔子在陈国时，说："回去吧！回去吧！我们家乡的学生志向高远而才学浅薄，文采颇为可观，只是不知道怎么去教他们。"

解读

陈：陈国，现在的河南省淮阳县。

狂简：指志向而言；"斐然成章"是经过一段时间的学习与努力，达到可观的成绩。所以裁之，属于应用思维，犹如"择善"的择，必须靠孔子因材施教，随时指点。

原文

子曰："孰谓微生高直？或乞醯焉，乞诸其邻而与之。"

译文

孔子说:"谁说微生高这个人直爽?有人向他要点醋,他却向邻居要来给人家。"

解读

微生高:姓微生,名高,鲁国人。

乞:希望别人施舍,称为乞。得到就要感激别人。微生高的行为也许出于好意,但是自己没有却不坦白说明,就不能算是直爽。

原文

子曰:"巧言、令色、足恭,左丘明耻之,丘亦耻之。匿怨而友其人,左丘明耻之,丘亦耻之。"

译文

孔子说:"说话好听,表面讨好热络,态度极其恭顺,左丘明认为这样可耻,我也认为这样可耻。内心怨恨别人,表面上却与他继续交好,左丘明认为这样可耻,我也认为这样可耻。"

解读

左丘明:鲁国大夫。

怨:人间的恩怨很复杂,前因后果纠结不清。这时应该真诚思考与人交往时,是否内心藏有怨恨。朋友不能以直爽的态度相处,就是在虚与委蛇,浪费生命而已。若是遇到不能相处(如同学、同事),至少可以做到"不与之为友"。

原文

颜渊、季路侍。子曰:"盍各言尔志?"

子路曰:"愿车马衣裘与朋友共,敝之而无憾。"

颜渊曰:"愿无伐善,无施劳。"

子路曰:"愿闻子之志。"

子曰:"老者安之,朋友信之,少者怀之。"

译文

颜渊与季路陪在孔子身边。孔子说:"你们何不说说各人的志向?"

子路说:"我愿意把自己的车子、马匹、衣服与朋友一起共用,坏了都没有一点遗憾。"

颜渊说:"我希望做到不夸耀自己的优点,不夸耀自己的功劳。"

子路说:"希望听听老师的志向。"

孔子说:"愿使老年人都能得到安养,使朋友都能互相信赖,使年轻人都得到照顾。"

解读

无憾:不觉可惜。子路认为朋友的情义远重于个人财物,已经把握了正确的价值观。

无伐善:颜渊的志向在自我修养,清除人我界限,走向无私的境界。

安之:孔子的志向显然是大同境界,可称至善。

原文

子曰:"已矣乎!吾未见能见其过而内自讼者也。"

译文

孔子说:"算了吧!我没见过能够看到自己的过错就在内心自我批评的人。"

解读

未见:在《论语》中,孔子宣称没见过的五种人,除了本章以外,还有:一、是好仁者恶不仁者;二、是刚者;三、是好德如好色者;四、是隐居以求其志;五、是行义以达其道的人。仔细思考这五种人的表现,可以了解孔子对世间的感叹。

黄伯子石

原文

子曰:"十室之邑,必有忠信如丘者焉,不如丘之好学也。"

译文

孔子说:"有十户人家的地方,一定有忠心与诚信如同我孔丘一样的人,只是不如我喜好学问罢了。"

解读

好学:孔子自称好学,并无自夸,只表明自己不是"生而知之",必须通过努力学习才有收获。一般人若是忠信而不好学,就很难明白人生并坚持到底。

原文

子曰："雍也，可使南面。"

译文

孔子说："冉雍，可以让他做大官。"

解读

南面：古代长官的座位是面向南方的。南面用于天子、诸侯与卿大夫。这里是就冉雍（仲弓）的德行与能力而言，所指应是担任卿大夫。

原文

仲弓问子桑伯子。子曰："可也，简。"

仲弓曰："居敬而行简，以临其民，不亦可乎？居简而行简，乃大简乎？"子曰："雍之言然。"

译文

仲弓问有关子桑伯的作风。孔子说："他凡事求简便。"仲弓再请教说："态度严肃，行事力求简便，这样治理百姓，不就可以吗？若态度简便，又以简单来做，不是太过于简便吗？"孔子说："雍的话正确。"

解读

子桑伯子：人名，鲁国人。

孔子说的"可也"，是指子桑伯子。

原文

哀公问："弟子孰为好学？"孔子对曰："有颜回者好学，不迁怒，不贰过。不幸短命死矣。今也则亡，未闻好学者也。"

译文

鲁哀公问孔子："在你的学生里面，谁爱好学习？"孔子回答说："有一个叫颜回的爱好学习。他不把怒气发泄在别人身上，也从不再犯同样的过错。遗憾的是，他年纪不大，已经死了。现在没有这样的学生了，也没有听说爱好学习的人。"

解读

颜回：死于鲁哀公十四年（前481年），孔子七十一岁时。他比孔子小三十岁，终年四十一岁。根据《孔子家语》等书，颜回只活三十一岁。

不迁怒：在做人，所谓"己所不欲，勿施于人"；不贰过，则在克己，所谓"日新又新"。两者都是德行修养，可见孔子心目中的"好学"是以德行为首要目标的。

原文

子华使于齐，冉子为其母请粟。子曰："与之釜。"请益。曰："与之庾。"冉子与之五秉。子曰："赤之适齐也，乘肥马，衣轻裘。吾闻之也，君子周急不继富。"

译文

公西华出使齐国，冉有替他的母亲请给小米。孔子说："给他六斗四升。"冉有请求增加，孔子说："再给他二斗四升。"结果冉有给他五秉。孔子说："赤到齐国去，乘坐的是肥马拉的车，穿的是又轻又暖的皮袍。我听说过：君子救助穷人而不救富人。"

> **解读**

子华：公西赤，字子华，鲁国人，小孔子四十二岁。

釜、庾、秉：都是古代容器。孔子的原意是馈赠，所以给的不多，但冉有给的却是相当于一年的薪资。当时孔子可能担任鲁国的顾问，冉有负责出纳的职务。

> **原文**

原思为之宰，与之粟九百，辞。子曰："毋！以与你邻里乡党乎！"

> **译文**

原思任孔子家的总管，孔子给他小米九百斗，他不肯接受。孔子说："不要推辞！可以给家乡地方的人啊！"

> **解读**

原思：原宪，字子思，小孔子三十六岁。此事应在孔子担任鲁国大司寇之时，因为大夫家可以有家臣。原思当时未满二十岁。

邻：五家为邻，二十五家为里，一百二十五家为乡，五百家为党。

昌平伯子声

原文

子曰："回也，其心三月不违仁，其余则日月至焉而已矣。"

译文

孔子说："颜回呀，他的内心长久不离开仁德，其他弟子则短时间想到仁德。"

解读

心与仁不同，心可以做自觉的选择，仁是人道。因此，心可以选择仁，也可以不选择仁。如果心选择仁是如此困难，为何人还需要仁？答案是人性向善，所以除了走人生正道以外，别无出路。孔子描述自己"七十而从心所欲，不逾矩"，表明心的选择与人生正道终于合二为一。

三月：长时间。"日月"则指时间的短暂。

郊伯子容

 原文

子谓仲弓曰："犁牛之子骍（骍）且角，虽欲勿用，山川其舍诸？"

译文

孔子在谈到仲弓时说："耕牛生下的小牛毛色赤而且有整齐的角，虽然不想用它来祭祀，山川的神灵能舍弃它吗？"

解读

犁牛：只用耕田，但是不能够用来祭祀。因周代尚赤，所以要用红毛牛。

骍：今通用版为"骍"。

孔子的意思是人才不问出身，都应该提拔起来做官。

山川：祭祀山川之神需要用"骍且角"的牛，表示做官等于牺牲，为社会与百姓服务。

聊伯子析

原文

子曰："谁能出不由户？何莫由斯道也？"

曰："人之生也直，罔之生也幸而免。"

译文

孔子说："谁能走出屋外而不经过门户？为什么没人在我所提供的正路上行走呢？"

孔子说："人活在世间，原本是因为正直；没有正直能活下去，那是因侥幸免于灾祸。"

解读

道：孔子用来说明他的"道"是人生正途，但是他也感叹一般人无法依道而行。

直：只要真诚，就会顺着向善的人性，走上人生正途。

幸：不走人生正道的，就要靠运气活下去。世间靠运气活着的人何其多啊！

向伯子牛

原文

子曰:"知之者不如好之者,好之者不如乐之者。"

译文

孔子说:"知道它(学问)的人,不如喜欢它的人;喜欢它的人,不如乐于它的人。"

解读

好:喜欢一种事物,自然会付诸实践,所以这是由知而行。

乐:乐在其中。这是把知与行提高到"我与道理合二为一"的境界,把"应该"去做转变为"自然"去做。

原文

子曰:"中人以上,可以语上也;中人以下,不可以语上也。"

译文

孔子说:"中等水平以上的人,就可以告诉他们高深的学问;中等水平以下的人,就没有办法告诉他们高深的道理。"

解读

中人:中等水平的人。

上:高深的事理,如"仁"。

原文

樊迟问知。子曰:"务民之义,敬鬼神而远之,可谓知矣。"

问仁。曰:"仁者先难而后获,可谓仁矣。"

译文

樊迟问什么才算明智。孔子说:"专心做好为百姓服务所该做的事,敬重鬼神但是保持适当的距离,这样可以说是明智。"

他又问什么是行仁。孔子说:"行仁的人先努力去耕耘,然后才收获成果,这样可以说是行仁德。"

解读

鬼神:"敬而远之"是古代人认可的,并非始于孔子。这种态度提醒人不要"不问苍生问鬼神",而应该在尊敬鬼神时保持人的责任意识,这样才算是明智。孔子在此并无否定或怀疑鬼神的意思。

仁:行仁,或说成"人生正道"。孔子对于学生问仁所做的答案各不相同。樊迟先后问仁,答案都不同。何以如此?因为人生在于择善,而择善的方法不能脱离个人的具体环境。所以孔子不但因材施教,而且因时因地因事而做出答案,希望弟子由此更加明智,可以举一反三,自行走上人生正道。

原文

子曰:"知者乐水,仁者乐山。知者动,仁者静。知者乐,仁者寿。"

译文

孔子说:"明智的人喜欢水,仁的人欣赏高山。明智的人活动,仁的人安稳厚重。明智的人常保喜乐,仁的人得享天年。"

解读

知者:知者与仁者并列,指明智的人与仁的人。在理解上,先说明智的人如何,进一步再说仁的人如何。孔子教学生并不是分知与仁两科,而是全以仁为主。知者是走向仁的必经之路。知者懂得"择善",仁者能"坚持到底"。

仁者:仁的人。他们的表现,综合而言,能乐水能乐山,能动能静,能乐能寿。

鲁伯子续

原文

子曰："齐一变,至于鲁;鲁一变,至于道。"

译文

孔子说："齐国经历一次变革,就达到鲁国的样子。鲁国一经变革,就合于大道。"

解读

齐:西周初封姜太公于齐国。春秋初期,齐桓公为五霸之首,而教育有待改善。

鲁:西周初封周公之子伯禽于鲁国。鲁国在各国中以重视教育而闻名。

道:西周初期的王道理想。本章所论述与当时背景有关,意思是教育改革有渐进的步骤,最后目标则是大道。

（原文）

子曰："觚不觚，觚哉！觚哉！"

（译文）

孔子说："觚不像个有棱有角的觚，这怎是觚呀！这怎是觚呀！"

（解读）

觚：古代酒器，可装两升酒。形状上圆下方，腹部有棱角。后来棱角变圆，仍名为觚，已是名副其实。孔子感叹的理由，就是觚的容量有限，可以戒人少饮，而当时的风气是仍用觚装酒，但未必少饮。

（原文）

宰我问曰："仁者，虽告之曰'井有仁焉'，其从之也？"子曰："何为其然也？君子可逝也，不可陷也；可欺也，不可罔也。"

（译文）

宰我请教说："有仁的人，若说告诉他'井里掉下仁人'，他是否跟着下去呢？"孔子说："他怎么会这样做呢？君子可以让他走开，却不能陷害他；可以欺骗他下井，却不能愚弄他。"

（解读）

仁者：有仁的人。宰我大概有听说杀身成仁的观点，所以设想这种情况来问老师。他显然不情楚仁的作用，所以孔子回答时只说"君子"，意思是君子尚且不会这样天真，随意牺牲生命，更何况是仁人。宰我，又称宰予，孔子的学生。

武城伯子敛

子曰:"君子博学于文,约之以礼,亦可以弗畔矣夫。"

译文

孔子说:"君子要广泛学习文献典籍,(把行为)约束在礼仪之中,也就可以不背离仁德了"。

解读

君子:有志于成为君子。这些句子都应该以动态的过程来理解。不然的话,既然是君子,又怎么需要这样的叮咛呢?

畔:背离正道。

原文

子见南子,子路不说。夫子矢之曰:"予所否者,天厌之!天厌之!"

译文

孔子应邀去和南子相见,子路很不高兴。孔子发誓说:"我如果做得不对的话,让天厌弃我吧!让天厌弃我吧!"

解读

南子:卫灵公夫人,想要孔子参政,又无真心任用。子路大概还记得"名不正则言不顺"的教训,所以无法释怀。

矢:发誓。由誓词可见孔子所信的是天。

天:孔子对自己的行为合乎天理有信心,所以说出"天厌之"的话。

原文

子曰:"中庸之为德也,其至矣乎!民鲜久矣。"

译文

孔子说:"中庸这种道德,实在是最高的啊!长期以来,人们很少有能做到的。"

解读

中庸:"中",是恰到好处,日常生活的长期坚持,为"庸"。总而言之,就是择善固执,是人生正道。

原文

子贡曰："如有博施于民而能济众，何如？可谓仁乎？"子曰："何事于仁，必也圣乎！尧舜其犹病诸！夫仁者，己欲立而立人，己欲达而达人。能近取譬，可谓仁之方也已。"

译文

子贡说："如果有人既能广泛照顾百姓又能确实济助众人，这样如何？可以称得上仁人吗？"孔子说："这样何止是仁人，一定是成圣啊！连尧舜都觉得难以做到啊！所谓的仁，就是在自己想要安稳立足，也要帮助别人安稳立足；自己想要进展通达，也要帮助别人进展通达。能够以自己的情况来设想与人相处，可以说是实行仁的方法了。"

解读

圣：圣与仁都是人的美德。必有大的效应，就是由于人"充分实现"向善之性，使天下大同的美境。"善"是人与人之间关系的实现。因此，一人与天下人之间皆有关系，博施济众是一切人际关系的实现，通常只有帝王能做到。尧舜正是这样的帝王，却还觉得这些要求难以做到。如果不从上述"善"的定义来理解，是无法说明孔子的意思的。我们一再以"仁德"来译"仁"，并且强调其为动态的过程，也可以在这章获得印证。能近取譬就是推己及人，设身处地去关心别人。如此才能做到"己所不欲，勿施于人"，再进一步求立人与达人。

原文

子曰："述而不作，信而好古，窃比于我老彭。"

译文

孔子说："只传述而不创作，对古代文化既相信又爱好，我私下把自己与我的老彭相比。"

解读

窃：谦词，私下。我，表示亲密。

老彭：人名，殷商时代的大夫，事迹无考究，作风大概就是孔子在此所描述的。孔子也是殷人的后代，所以语气亲切。

临济伯皙

 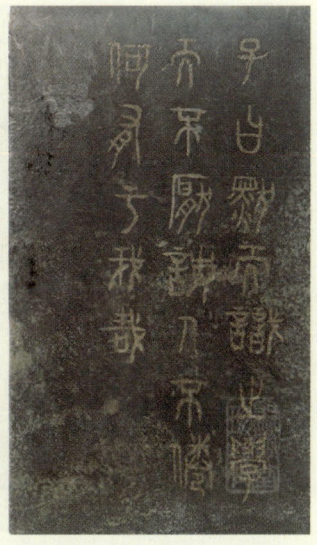

原文

子曰:"默而识之,学而不厌,诲人不倦,何有于我哉。"

译文

孔子说:"默默地识记,学习不厌弃,教诲别人不会疲倦,这些事我做有什么呢?"

解读

何有:这三件事,是孔子的自我期许。因此不宜理解为"对我有何困难",或"何者能有于我",是对"程度"而言,表示已经做得不错,但还要继续努力,求更完美。

汶阳伯子蔑

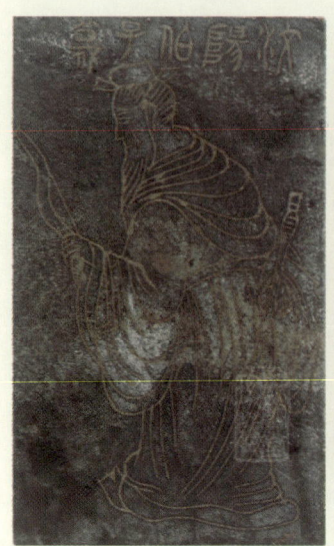

原文

子曰："德之不修，学之不讲，闻义不能徙，不善不能改，是吾忧也。"

译文

孔子说："品德不修炼，学问不讲习，听到道义不能去做，不好的品行不能改正，这是我所忧虑的。"

解读

德：这节提到四件事，前两件是德与学，所用的是"不"字，表示主动性不够，应该增大的是志向。换言之，修德与讲学是每个人的"愿意"就可以做到的。

闻义：这两件事，用的是"不能"，表示在具体生活中，无论向善或改过，不只是有意念，还须"努力"，并且需要终身做。

原文

子之燕居，申申如也，夭夭如也。

译文

孔子在家闲居时，态度安稳，神情和悦。

解读

燕居：闲居。譬如休闲时的居家生活。

原文

子曰："甚矣,吾衰也!久矣,吾不复梦见周公。"

译文

孔子说："我实在太衰老了!很久都没有梦见周公了。"

解读

梦见：表示孔子志在学习周公，既能匡正天下，又能制礼乐。

周公：姬旦，周文王之子，武王的弟弟，辅佐武王子成王，奠定周朝的基业，后代封于鲁国。

杞伯路

原文

子曰："志于道，据于德，依于仁，游于艺。"

译文

孔子说："君子的志向在道，根据在德，依靠在仁，游息在六艺。"

解读

道：应指人生的理想或完美人格，所以要立志追求。

德：个人的德性修养，修德相同而程度各自有别，所以要确实把握。

仁：在个人身上为人生正向，重在择善，所以要绝不背离。

艺：礼乐射御书数六艺，可以统称为艺文活动，所以要自已在涵泳。

原文

子曰:"自行束脩以上,吾未尝无诲焉。"

译文

孔子说:"自动带薄礼前来见我的,我从来没有不教诲啊"。

解读

行束俏:古代十五岁的成童,行束脩礼以入太学。后来引申为年龄。东汉郑玄知此说,见《后汉书·延笃传》的李贤注。

自:古人说"自……以上",都指数字的增加,并主要用于年龄,如《周礼·秋官司寇》的"自生齿(一岁)以上,皆录于版"。这一点并无例外,所以孔子的话表明有教无类,与荐、薄礼、学费、敬意、诚心等无关。本节侧重的不是学生的态度,而是孔子身为老师的心愿。

原文

子曰:"不愤不启,不悱不发。举一隅不以三隅反,则不复也。"

译文

孔子说:"不到他想懂而懂不了的时候,我不去开导;不到他想说而说不出时,我不去引发。告诉他一个角落,他不能联想到其他几个角落也如此,我就不再多教了。"

> 【解读】

愤：想懂却不懂，所以读书要发愤用功。

悱：想说却说不出，"启发式"教学必须以学生有心向上为前提。

一隅：举一反三是就联想而言，也是学习的方法。

> 【原文】

子食于有丧者之侧，未尝饱也。

> 【译文】

孔子在有丧事的人旁边吃饭时，从来没吃饱过。

> 【解读】

有丧事者：家里有丧事的人，从他的服饰可知。孔子曾以帮人办理丧事为业，所以遇到这样的场合。他的同情心自然流露出来。

> 【原文】

子于是日哭，则不歌。

> 【译文】

孔子在这一天哭过，就不再唱歌了。

解读

哭：感情的自然流露。有感而发，或触景生情，都可能使人落泪。

歌：哭则不歌，不哭泣就有可能唱歌，并且这样的歌必是欢乐的。由此可见孔子不但感情丰富，而且很能自得其乐。

原文

子谓颜渊曰："用之则行，舍之则藏，惟我与尔有是夫。"子路曰："子行三军，则谁与？"

子曰："暴虎冯河，死而无悔者，吾不与也。必也临事而惧，好谋而成者也。"

译文

孔子对颜渊说："有人任用，就出来做；没人任用，就藏起来。只有我与你可以做到。"子路说："老师率领军队的话，要找谁共事？"

孔子说："空手打虎，徒步过河，死了都不后悔的人，我是不与他共事的。同去的人一定要面对情势小心，仔细筹划以求成功的人。"

解读

用：任用权在别人，如何应付则在自己。孔子认为这是极困难的挑战。一般人都是易"行"难"藏"。

行：就是统领三军（大国有三军，每军一万二千五百人左右），也不能有勇无谋。这句话说明"行"的不容易。

薛侯仲弓

原文

子曰："富而可求也，虽执鞭之士，吾亦为之；如不可求，从吾所好。"

译文

孔子说："财富可以追求到的话，就是做下等的差事，我也愿意干。如果追求不到，听从我喜好的事。"

解读

可：可与不可是就手段而言的，在于是否正当。"执鞭之士"是市场的守门员，表明只要手段正当，再辛苦再卑微的工作都无妨。

所好：不是指财富，而是指理想。财富是附加于人生的，可多可少。

原文

子之所慎：齐、战、疾。

译文

孔子用慎重态度对待的三件事：斋戒、战争、疾病。

解读

齐：后作"斋"，斋戒，就是祭祀之前的准备。在顺序上排第一，表明孔子对鬼神的诚敬态度，是成为他的生活特色了。若无信仰，何能如此。

战：战争影响国家的兴衰与个人的生死存亡，岂可不慎？

疾：人应该珍惜生命，以完成人生理想。

费侯子骞

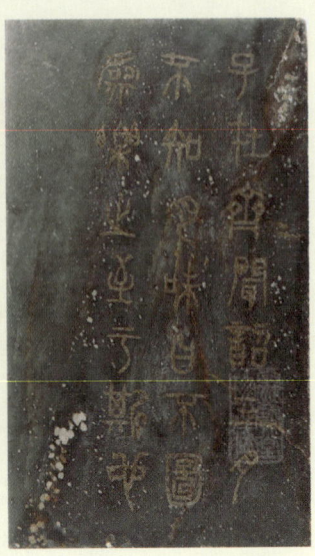

原文

子在齐闻《韶》,三月不知肉味,曰:"不图为乐之至于斯也。"

译文

孔子在齐国聆听《韶》乐后,相当长的时间食肉而不知其味,于是他说:"想不到《韶》乐能到达这么完美的地步。"

解读

三月:表示一段时间。

肉味:人的感官是有相通的,若是其中一种受到强烈刺激,其他的就退居在后。这可以说是"用心"所在,使人暂时忽略其他的。

原文

冉有曰:"夫子为卫君乎?"子贡曰:"诺,吾将问之。"入曰:"伯夷、叔齐何人也?"曰:"古之贤人也。"曰:"怨乎?"曰:"求仁而得仁,又何怨?"

出曰:"夫子不为也。"

译文

冉有说:"老师会去帮助卫君吗?"子贡说:"好,我去问他。"子贡走进屋子,说:"伯夷、叔齐是什么样的人?"孔子说:"古代的德才之士。"子贡说:"他们有抱怨吗?"孔子说:"他们所求的是行仁,也得到了仁的结果,还抱怨什么呢?"

子贡走出来说:"老师是不会帮助卫君的。"

解读

卫君:卫出公辄,为灵公孙,太子蒯聩子。蒯聩得罪了南子,逃往晋国。灵公死,立其孙辄为君。晋国送回蒯聩,乘机侵卫,卫国抵抗晋兵,阻止蒯聩回国。这是父子争国的情况。

伯夷:与其他的弟叔齐为了不当孤竹国的国君而逃走,最后饿死首阳山。这是兄弟让国的故事。他们若是无怨,表明孔子不会认同卫国目前的情况,自然不会去帮助了。

贤人:德才之士。孔子评价古人"得仁"的,也是极少的。

原文

子曰:"饭疏食饮水,曲肱而枕之,乐亦在其中矣。不义而富且贵,于我如浮云。"

译文

孔子说:"吃粗食,喝冷水,弯着手臂做枕头,这样的生活也有乐趣啊!用不正当的手段得来的富贵,对我就像浮云一样。"

解读

乐:一个人的生活,只要有基本的生活条件,照样可以快乐。这种快乐是人觉悟的效应,其明确的目标是"从心所欲,不逾矩。"

郓侯伯牛

原文

曰："加我数年，五十以学《易》，可以无大过矣。"

译文

孔子说："让我多活几年，五十岁时来学习《易经》，就可以没有大的过错。"

解读

《易》，孔子自十五岁志于学习，并且终身学习不厌，因此我们有理由说他五十以前学过《易经》，且他知道学习了就没大过。本节所谓"学"，意思是专心研究，并且把心得应用于生话中，然后成效自明。至于"无大过"，则是自勉之语。唯有如此，才可日进于德。

原文

子不语怪、力、乱、神。

译文

孔子不谈论怪异、勇力、叛乱和鬼神。

解读

不语：不谈论。

怪：反常的事使人迷惑，勇力的事使人忘德，乱的事使人不安，鬼神的事使人妄想。

神：与迷信有关，在此并非指古代所信的鬼神。

齐侯予我

原文

子曰:"我非生而知之者,好古,敏以求之者也。"

译文

孔子说:"我不是生出来就是有知识天人。我是爱好古代文化,再勤奋敏捷去学习得来的。"

解读

生而知之:孔子是以博学闻名,也许有人认为他是"生而知之",因而有这段话说明。我们要学他的是"敏以求之"。

原文

子以四教:文、行、忠、信。

译文

孔子教学有四项重点:文献知识,行为规范,忠于诚,言而有信。

原文

子曰:"三人行,必有我师焉。择其善者而从之,其不善者而改之。"

译文

孔子说:"几个人一起走路,其中一定有我可以效法的人。我选择他们的优点来学习,看到他们的缺点就警告自己改正。"

解读

三人:指多数,几个人。

这句的大意:只要用心,到处都可以找到学习的机会。

原文

子曰:"天生德于予,桓魋其如予何?"

译文

孔子说:"上天给我这些品德,桓魋又能对我怎么样呢"

解读

桓魋：即司马向魋，为宋国司马（军事统帅）。当时孔子五十九岁，是在知天命时期，因此遇到生命危险，立即求于天。

德：是自己修养的成果。但是为何要修德？对孔子而言，是了解之性，以及知天命与顺天命，所以这种成果最根本的来源是天。

原文

子曰："二三子以我为隐乎？吾无隐乎尔。吾无行而不与二三子者，是丘也。"

译文

孔子说："你们这些学生以为我有所隐藏吗？我对你们是没有任何隐藏的。我的一切行为都呈现在你们的眼前，这是我的作风啊。"

解读

隐：隐藏，譬如进德修业的秘诀。学生可能觉得自己进步有限，想要速成，所以有类似的疑问。

行：孔子以"行"来响应，表明任何高深的道理都需要落实在人生中。

原文

子曰："圣人，吾不得而见之矣；得见君子者，斯可矣。"子曰："善人，吾不得见之矣，得见不恒者斯可矣。亡而为有，虚而为盈，约而为泰，难乎有恒矣。"

译文

孔子说:"圣人,我是没有机会见到的,能够见到君子,也就可以了。"孔子又说:"善人,我是没有机会见到的,能够见到有恒心的人,也就可以了。没有却装着作有,空虚却装作充足,穷困却装作豪华,这就难于有恒心啊!"

解读

圣人:人格完美又能周济天下。君子是朝着此目标奋斗的人。因此,谈到君子,常须留意他的行为过程。

善人:行善的人,在此接近于仁者。至于有恒的"恒"字,是指择善"固执"而言。若是有恒到一定程度,即成为善人,行善有成。但注意力转向外在得失,就很难做到有恒心。

原文

子钓而不纲,弋不射宿。

译文

孔子只用鱼竿钓鱼,而不用大网来捕鱼;用弋射的方式获取猎物,但不射归巢栖息的鸟。

解读

纲:用大绳系住网,断流以捕鱼。
弋:用带生丝的箭来射鸟。
宿:归巢歇宿的鸟。

原文

子曰:"盖有不知而作之者,我无是也。多闻,择其善者而从之,多见而识之。知之次也。"

译文

孔子说:"也许有人是自己不懂却去创造的,我没有这样。多听,选择其中正确的来接受;多看,全记在心里。这种知识是仅次于'生而知之'的。"

解读

知之次:第二等的知,仅次于天生知的。

原文

互乡难与言,童子见,门人惑。子曰:"与其进也,不与退也,唯何甚?人洁己以进,与其洁也,不保其往也。"

译文

互乡的人很难沟通,有一个少年得到孔子接见,学生觉得困惑。孔子说:"我是赞成他上进的,不希望他退步,有何过分苛责?别人修饰整洁来,我就嘉许他的整洁,不去追究他过去。"

解读

互乡:地名。难与言,或许是对外来人不友善。

童子:年龄未满十五岁的人。本节并没指出童子是否带着薄礼,但是明确显示他是十五岁以下,那么孔子说"十五岁以上的人,我是没有不教导的"是否有问题?没有,因为孔子的话并不排除有例外的情况。不过正因为有这种例外,学生才在难与言"的顾虑中更觉得困惑。因此我们可以知道孔子的为师之道。

原文

陈司败问:"昭公知礼乎?"孔子曰:"知礼。"

孔子退,揖巫马期而近之,曰:"吾闻君子不党,君子亦党乎?君取于吴,为同姓,谓之吴孟子。君而知礼,孰不知礼?"

巫马期以告,子曰:"丘也幸,苟有过,人必知之。"

译文

陈司败问:"鲁昭公懂得礼制吗?"孔子说:"懂得礼制。"

孔子离开后,陈司败向巫马期作揖,上前对他说:"我听说君子不偏袒,难道孔子也有偏袒吗?鲁昭公从吴国娶一位夫人,鲁吴两国是同姓,所以称她吴孟子。鲁君如果懂得礼制,谁不懂得礼呢?"

巫马期转告了这番话,孔子说:"我真幸运,只要有错过,别人一定会指出来。"

解读

陈司败:陈国官员,司败是官名,主管司法。

昭公:鲁昭公,名裯,继襄公之位。

巫马期:姓巫马,名施,字子期,孔子的学生,小孔子三十岁。

吴孟子:鲁是周公之后,吴是太伯(泰伯,为周文王的太伯)之后,皆姓姬。这位夫人原本名为吴姬(国名加本姓,为国君夫人称号),为了避开同姓不婚的礼法,所以改称吴孟子(孟子可能是她的字)。

过:孔子的错是情有可原的,因为当时有"不言君亲之恶"的规定。

吴侯子游

 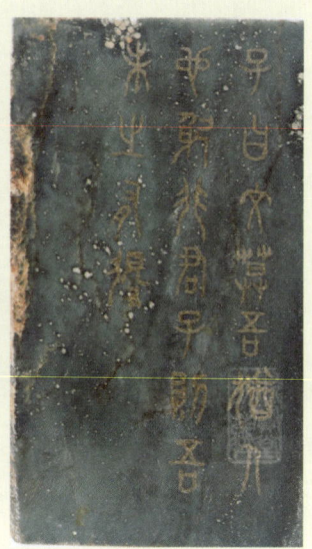

原文

子曰:"文,莫吾犹人也。躬行君子,则吾未之有得。"

译文

孔子说:文化知识,我大概和他人一样。做一个亲身践行的君子,那我还没有达到。

解读

文:书上的知识,与行对应。

莫:大概、大约的意思。

原文

子曰:"若圣与仁,则吾岂敢?抑为之不厌,诲人不倦,则可谓云尔而已矣。"

公西华曰:"正唯弟子不能学也。"

译文

孔子说:"像圣与仁的境界,我怎么敢当?不过是在学问上不厌烦,教导别人不倦怠,就可以说是如此了。"

公西华说:"这正是我们做学生的没有办法学到的"。

解读

圣:与仁并列时,表示圣侧重的是结果,仁则重在过程,两者都是人所向往的完美境界。

为之:先谈圣与仁,"为之"自然是以这两者为目标。孔子的终身志向也确是如此。

卫侯子路

原文

子曰:"奢则不孙,俭则固。与其不孙也,宁固。"

译文

孔子说:"奢侈的人就不谦逊,节俭的人就固陋。与其不谦逊,宁肯固陋。"

解读

不孙:骄傲自大。固是固陋。两者都是缺点,要取其轻的。

原文

子温而厉，威而不猛，恭而安。

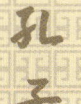

译文

孔子温和又严厉，有威仪又不凶猛，恭敬又安详。

解读

厉：严肃。

孔子弟子铭传

黎侯子贡

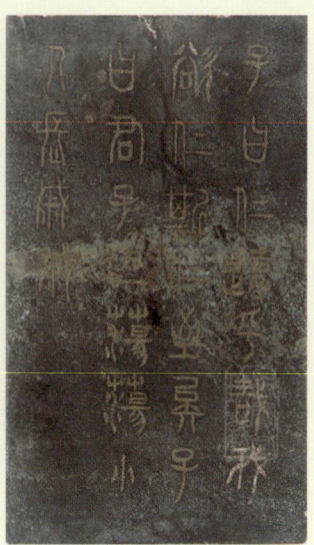

 原文

子曰："仁远乎哉?我欲仁,斯仁至矣。"

 译文

孔子说："仁德离我们很远吗?只要我愿意行仁,仁德就会来。"

 解读

仁:仁德。这是人生的境界,不能是"在内不在外",只能是在人"欲不欲行",只要想做,当下即可行善。在此,"仁"与"人生正道"是一致的。

原文

子曰:"君子坦荡荡,小人长戚戚。"

译文

孔子说:"君子的胸怀宽广,小人常常忧愁"。

原文

子与歌而善,必使反之,而后和之。

译文

孔子与别人一起唱歌,唱得好时,一定请他再唱一遍,然后自己又和一遍。"

解读

歌:孔子若是平日不哭,则很可能唱歌。本句描写他与别人一起唱歌的情形,所流露的愉悦气氛令人羡慕。

原文

子疾病,子路请祷。子曰:"有诸?"子路曰:"有之;《诔》曰:'祷尔于上下神祇。'"子曰:"丘之祷久矣。"

译文

孔子病得很重，子路请求要做祷告。孔子说："有这样的事吗？"子路回答说："有的，《诔文》上说：'为你向天神地祇祷告。'"孔子说："我早就祷告过了！"

解读

诔：祈祷文。

丘之祷：孔子最慎重的是"斋"，对祭祀极为虔诚，平日饮食，每饭必"祭"，因此生活中无时不与天神地祇交往，不必这时再去做祷告。再者，孔子说过"获罪于天，无所祷也"，表时他以天为唯一的祷告对象，因此不愿再去劳烦神祇。

清河伯子丘

原文

子曰:"泰伯,其可谓至德也已矣。三以天下让民,无得而称焉。"

译文

孔子说:"泰伯,他真可说是达到道德顶峰了。他多次把天下让给人,百姓却找不出恰当的语言来赞美他。"

解读

泰伯:又称太伯,周文王的大伯,周朝祖先古公亶父的长子。

亶父有三子:泰伯、仲雍、季历。季历生子姬昌(周文王)。古公亶父想把王位传给季历,为实现古公亶父的愿望,泰伯与仲雍出走勾吴,使季历接位,以后才有周文王与其子武王建立的周朝。

无得:至德无形,不着痕迹,但是成全了孝悌与其他德行。孔子的重点在于此。行善除了真诚,还需要智慧,否则如何择而行之。

原文

子曰："恭而无礼则劳，慎而无礼则葸，勇而无礼而乱，直而无礼则绞。君子笃于亲，则民兴于仁；故旧不遗，则民不偷。"

译文

孔子说："一味谦恭而不懂礼，就会流于劳倦；一味谨慎而不知礼，就会显得畏惧；只知勇敢行事而不知礼，就会制造乱局；只知直言无隐而不懂礼，就会尖刻伤人。上位的人对待亲族厚道，百姓就会走向仁德；他们不遗弃过去的朋友，百姓就不会刻薄无情。"

解读

礼：礼节。恭、慎、勇、直都是好的表现，但是若无适当节制就会陷入极端，后果难以预料。

君子：在此指官员，因为相对的是民。

仁：仁德，表现为淳厚的风气。

原文

曾子有疾，召门弟子曰："启予足！启予手！《诗》云：'战战兢兢，如临深渊，如履薄冰。'而今而后，吾知免夫！小子。"

译文

曾子生病时，把他的学生召到家中，说："看看我的脚，看看我的手！《诗经》上说：'小心谨慎啊，好像走在深渊的旁边，好像走在薄冰上面。'从现在以后，我才知道自己可以免于毁伤了。学生们啊！"

解读

《诗》：引文见《诗经·小雅·小旻》。

免：手脚齐全，表明一生爱护身体，也不曾犯法受刑。这是对父母的孝心与对个人生命的尽责。

原文

曾子有疾，孟敬子问之。曾子言曰："鸟之将死，其鸣也哀；人之将死，其言也善。君子所贵乎道者三：动容貌，斯远暴慢矣；正颜色，斯近信矣；出辞气，斯远鄙倍矣。笾豆之事，则有司存。"

译文

曾子生病时，孟敬子来探望他。曾子对他说："鸟快死时，叫声是悲哀的；人临死时，说话是善意的。在上位的人要把握以下三个原则：举止与态度要严肃，如此可以使自己避免粗暴与怠慢；神情与脸色要端庄，如此可以使自己容易接近诚信；言语与声调稳重，如此可以使自己避免鄙陋与狂妄。至于礼仪方面的细节，自有主管其事的人去负责。"

解读

孟敬子：仲孙捷，孟武伯之子，为鲁国大夫。

善：善意。人之将死，其言出于真心，总结一些心得，应该是有参考价值的。

君子：在位者或政治领导人。

原文

曾子曰："以能问于不能，以多问于寡；有若无，实若虚，犯而不校；昔者吾友尝从事于斯矣。"

译文

曾子说："自己有本事却去请教没有本事的人，自己知识丰富却去请教知识少的人。有学问就像没有学问，内心充实就像空无一物，被人冒犯了也不计较。从前我的一位朋友就曾这样做了。"

解读

能：是就行为而言，"多"则是就知识而言。

吾友：应该是指颜渊。

原文

曾子曰："可以托六尺之孤，可以寄百里之命。临大节而不可夺也；君子人与？君子人也。"

译文

曾子说："可以把幼小的孤儿托给他照顾，可以把国家的命脉交给他负责，遇到重大变故也不能使他放弃屈服。这种人称得上是君子吗？这种人是君子啊！

解读

六尺：指十五岁以下的人。六尺相当于今日的138厘米，尚未成人。

君子：指有德之人，必须兼具能力与节操，不能只是高谈心性。

原文

曾子曰:"士不可以不弘毅,任重而道远。仁以为己任,不亦重乎?死而后已,不亦远乎?"

译文

曾子说:"读书人不能没有抱负远大与刚毅的性格,因为他承担重任而且路途遥远。以行仁为自己的责任,这担子还不沉重吗?直到死时才停下脚步,这路程还不遥远吗?"

解读

士:指读书人。目标是实行仁德。行仁时,走在人生正道上,不论是否从政,都是很大的挑战。

任:行仁是一生的事,要推己及人,兼善天下,所以是重任;死而后已,所以道远。本章充分显示仁为人生正道的观点,值得深思。

原文

子曰:"民可使由之,不可使知之。"

译文

孔子说:"百姓,可以使他们照着走正路,没有办法使他们了解其中的道理。"

解读

由之:有的是效法政治人物,有的是依循礼乐教化,也有的是遵守法令规章。只要走在正道上,都是好的。

知之:人生的道理有浅有深,若要使百姓透彻了解,恐怕事倍功半,甚至徒劳无功。

孔子弟子铭传

魏侯子夏

原 文

曰：好勇疾贫，乱也。人而不仁，疾之已甚，乱也。"

译 文

孔子说："喜好勇敢而且痛恨贫穷，祸乱由此生。对没仁德的人痛恨（社会）过分，祸乱由此生。"

解 读

疾：讨厌到憎恨的地步。勇是种美德，但若不节制或不明理，就会陷入乱局。"疾贫"则是既不明理也不节制的表现。

不仁：不肯行仁的人。这种判断，有的是根据明显的偏邪行为，有的是党派立场互异所致。

原文

子曰:"兴于诗,立于礼,成于乐。"

译文

孔子说:"振奋在诗篇,立足在礼仪,完成在音乐。"

解读

兴、立、成:都是针对一个人而说的,诗、礼、乐则是主要的凭借。读诗、学礼与习乐,并非阶梯式的上升,而是交互为用,相与并行,只是在效果上有先后之别。

乐:列为最后一步,是因为教化的"化"字在乐曲中充分彰显,可以达到人我的感通与协调。

江伯子羽

 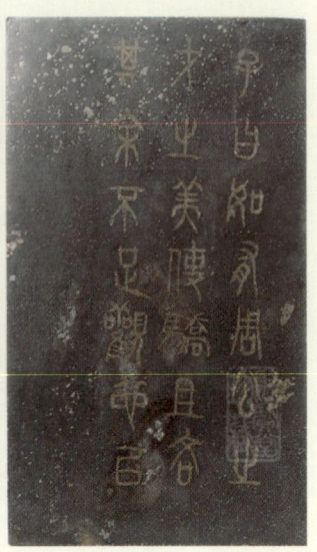

原文

子曰:"如有周公之才之美,使骄且吝,其余不足观也已。"

译文

孔子说:"(一个人)假如有周公的才华和美貌,假使骄横和贪吝,其他的也就不值得看了。"

解读

才:才华是人的优点,善加发挥可以成己成物。如果因此而骄傲自大,又吝于关怀别人,就不值一顾了。

原文

子曰:"三年学,不至于谷,不易得也。"

译文

孔子说:"入学读书多年,还未起做官的念头,这是很不容易的事了。"

解读

三年:古代入太学多年就要测试所学,这时往往有从政的念头,因为学以致用是顺理成章的事。

原文

子曰:"笃信好学,守死善道。危邦不入,乱邦不居。天下有道则见,无道则隐。邦有道,贫且贱焉,耻也。邦无道,富且贵焉,耻也。"

译文

以坚定的信心爱好学习,为了完成人生理想可以牺牲生命。不前往危险的国家,不住在混乱的国家。天下太平,就出来做事,不太平就隐居起来。国家政治清明时,贫穷与卑贱是可耻;国家黑暗时,富有与高位也是可耻。"

解读

守死:持守至死;善道,指正道。

天下:涵盖各诸国在内,古代为天子所治。

道:指应循的正路。

原文

子曰："不在其位，不谋其政。"

译文

孔子说："不担任某一职位，就不去考虑那个职位的事情。"

解读

位：职位。政治要分工合作，譬如在民主时代，除了各级政府官员，还有专职的民意代表，而不是大家任意发表意见，全无章法。

原文

子曰："师挚之始，《关雎》之乱，洋洋乎盈耳哉！"

译文

孔子说："从师挚开始演奏，到结尾合奏《关雎》之曲，我的耳朵一直充满着美妙的音乐啊！"

解读

师挚：鲁国的太师（乐师），名挚。《关雎》：《诗经·周南·关雎》的第一篇，古诗，皆万人乐。乱为音乐演奏的结束。

原文

子曰："狂而不直，侗而不愿，悾悾而不信，吾不知矣。"

译文

孔子说："狂妄而不直爽，幼稚而不忠厚，无能而不守信用。这种人我不知道他是怎么回事。"

解读

狂：在本章三小段中，各自提到的两种不良表现，原来是不易并存的，现在一起出现在一人身上。所以让孔子也觉得莫名其妙。

原文

子曰："巍巍乎，舜禹之有天下也而不与焉。"

译文

孔子说："真是崇高啊！舜与禹拥有天下而不去谋私利。"

解读

不与：不谋私。因为他们知人善任，由百官分层负责；他们看似不参与实际政务，当然也谈不上图谋自己的利益了。

原文

子曰："大哉尧之为君也！巍巍乎！唯天为大，唯尧则之。荡荡乎，民无能名焉，巍巍乎其有成功也，焕乎其有文章。"

译文

孔子说:"伟大啊,像尧这样的天子!真是崇高啊!只有天是伟大的,只有尧是效法天的。他的恩泽广博啊,百姓没有办法去形容他。他的功绩实在太崇高了,他的典章制度辉煌可观。"

解读

天:古代帝王称为天子,意思是大家相信天是政权的合法基础与最后来源。本章谈到尧效法天,正好反映了此信念。如果不从这个角度理解,而以为天只是自然的天,那么就很难避免后来荀子所说的"天行有常,不为尧存,不为忙桀亡"。

名:尧因太完美了,使百姓不知该如何称颂。

原文

舜有臣五人而天下治。武王曰:"予有乱臣十人。"孔子曰:"才难,不其然乎?唐虞之际、于斯为盛。有妇人焉,九人而已。三分天下有其二,以服事殷,周之德,其可谓至德也已矣。"

译文

舜有五位贤臣而天下太平。周武王说:"我有十位能治理国家的大臣。"孔子说:"人才难得,不正是如此吗?从唐尧和虞舜的时代以来,到周朝,人才鼎盛。武王的十个人才中有一位是妇女,实际上是九位。拥有三分之二的天下,还继续称臣于殷朝。周朝的德行,可以说是至高无上的了。"

解读

五人：禹、稷、契、皋陶、伯益。

十人：周公旦、召公奭、太公望、毕公、荣公、太颠、闳夭、散宜生、南宫适，加上邑姜（武王之妻，负责治理宫内事，所以随后说九人而已）。

原文

子曰："禹，吾无间然矣。菲饮食而致孝乎鬼神，恶衣服而致美乎黻冕，卑宫室而尽力乎沟洫。禹，吾无间然矣。"

译文

孔子说："禹，我对他没有任何批评了。他吃得简单，却把祭品办得非常丰富；他穿得粗糙，祭祀的衣服却做得很华美；他住得很简陋，却把全部力量用在沟渠水利上。禹，我对他没有任何批评了。"

解读

间然：指有空隙可以批评。

鬼神：本章三小段，前面两段涉及鬼神与祭祀，可见古人对信仰的重视。孔子叙述此事时，语气是十分肯定的，由此他显示了信仰的价值不容忽视。但是若无第三小段的为民服务，则未必合宜。

原文

子罕言利与命与仁。

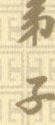

译文

孔子很少谈到功利,命运与仁德。

解读

罕言:言是主动谈起,语是与人讨论。罕言不是不语,所以学生请教这些问题时,孔子也会答复。在此,罕言是指很少自己去说,表示慎重之意。为何要慎重?因为这三者皆为世人所关心,又由于听者有个别差异而容易引起误解,所以不宜作泛泛之论。

利:利是人之所欲,但须与义配合。义与利分辨并不简单,直接谈利,更易使听者误入歧途,如"见小利则大事不成"。

命:命运是很难解释的谜。重要的是如何在面对命运时,把握自己的使命。命运与使命的分辨更是微妙,不能不慎重。

仁:人生正途在于择善固执,必须按个人的处境来判断,很难作概括的说明。此外,孔子的"仁"统摄了人之"性、道、成,"是一个整体的、连续的、动态的人生过程,所以最好留待学生请教时再做说明。

原文

达巷党人曰:"大哉孔子!博学而无所成名。"子闻之,谓门弟子曰:"吾何执?执御乎?执射乎?吾执御矣。"

译文

达巷地区的人说:"伟大啊,孔子这个人!学问广博,没有办法成为某一方面的专家。"孔子听到这话,对学生说:"我要以什么做专长呢?驾车吗?射箭吗?我驾车好了。"

> **解读**

无所成名：这是推崇的话，否则不能冠以"大哉"。一般人精于一艺，孔子无所不学，使人无以名之。

执御：孔子以具体的"执御"表示谦虚，也提醒人要有真才实学。

> **原文**

子曰："麻冕，礼也；今也纯，俭，吾从众。拜下，礼也；今拜乎上，泰也。虽违众，吾从下。"

> **译文**

孔子说："大夫的礼帽用麻织成，这是礼制的规定。现在大家都改用丝织品，这样比较节俭，所以我赞同大家的做法。臣见君时，先在堂下磕头，升堂后又磕头，这是礼制的规定。现在大家只是升堂后再磕头，这样显得不太恭顺。虽然与大家的做法不合，我还是赞同要先在堂下磕头。"

> **解读**

麻冕：卿大夫阶级所戴的礼帽。若为天子、诸侯与贵族，则另有做冕的布料。麻冕的制作极费工夫，较不节省人力。

拜下：先在堂下拜，升堂后再拜，共有两次。拜上就只保留了后者。孔子遵守礼制的规定，却被别人疑为"谄媚"，实亦无可奈何。

樊伯子迟

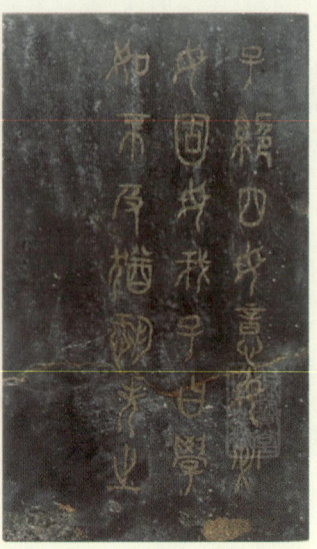

原文

子绝四:"毋意、毋必、毋固、毋我。"

译文

孔子戒四种毛病:不妄自揣度,不独断,不固执,不唯我独。

解读

意:本句这四字皆针对自我而言,从起心动念到狂妄自大,都是一般人常犯的毛病,值得深思。孔子当然有他坚持及奉行的原则,但是与私心或欲望无关。

原文

子曰:"学如不及,犹恐失之。"

译文

孔子说:"学习知识像追赶不上,学到了又怕丢失忘掉。"

解读

子曰:这句今版在《泰伯篇》。

原文

子畏于匡,曰:"文王既没,文不在兹乎?天之将丧斯文也,后死者不得与于斯文也;天之未丧斯文也,匡人其如予何?"

译文

孔子被匡城的群众所拘押,他说:"周文王死了以后,文化遗产不都在我这里吗?天如果要废弃这种文化,我就不会掌握这文化;天如果还不要废弃这种文化,那匡人又能把我怎么样呢?"

解读

匡:匡人曾受鲁国阳货的欺凌,见孔子相貌与阳货有些相似,就加以拘困。

文:文化遗产,包括礼乐制度与典籍文物。当时能够博学如孔子的人已不多见,所以孔子有此的信心。

天:天是文化(甚至国家民族)存亡的最后裁决者。这是古人的信念,不是出自孔子自己的想象。

后死者:指孔子自谓。因此要以孔子为中心,才有机会学习古代文化知识。这种解法与前面"文不在兹乎"可以呼应,并且与"将丧斯文"指向未来的语态较为符合。

原文

大宰问于子贡曰:"夫子圣者与?何其多能也?"子贡曰:"因天纵之将圣,又多能也。"

子闻之,曰:"大宰知我乎!吾少也贱,帮多能鄙事。君子多乎哉?不多也。"

译文

太宰向子贡问说:"孔先生是位圣人吗?他为什么有这么多的才干呢?"子贡说:"这是天要让他成为圣人,并且具有多方面的才干。"

孔子听到这话时,就说:"大宰了解我啊!我年少时贫困卑微,所以学会了不少卑贱的技艺。一个君子,会有这么多才干吗?是不会多的。"

解读

大宰:可能是吴国大宰,名懿。他认为圣人是才干与能力过人。

天:在子贡看来,天对圣有特殊的启示与造就。孔子的评论未谈到这一点,似乎有默认之意。但是"多能"却是特定的环境所形成的。

君子:是指有德与有位者,才干比人多并不是最重要的条件。

原文

牢曰:"子云:'吾不试,故艺。'"

译文

牢说:"老师说过:'我没有被国家所用,所以学会了不少技艺。'"

解读

牢:又名琴张,字子开,孔子的学生,卫国人。

试:用。从政做官,可以一试身手,就不会另外学习各种谋生的技艺了。

莒伯子长

原文

子曰:"吾有知乎哉?无知也。有鄙夫问于我,空空如也,我叩其两端而竭焉。"

译文

孔子说:"我有知识吗?没有知识。有个农人来问我,一点也不知道。我只是就他问题的始末详细地问,然后尽量答。"

解读

知:能够回答别人的疑问,就是"知"。因此,除了具备基本知识外,还需要有推理与思考的能力。

郲伯子輿

原文

子曰:"凤鸟不至,河不出图,洛不出书,吾已矣夫。"

译文

孔子说:"凤凰不来,黄河里也不出现图画,我已经完了。"

解读

凤鸟:吉祥的象征,天下太平就会飞来。这是古代的传说之一。

河不出图:圣人受命,黄河就出现图画(显示为某种象征)。

吾:孔子感叹衰世,无以见明君,无从发挥抱负以平治天下。

原文

子见齐衰者,冕衣裳者与瞽者,见之,虽少必作;过之必趋。

译文

孔子看见穿丧服的人,着礼服戴礼帽的人以及瞎眼的人,在相见的时侯,即使这些人年龄较轻,孔子一定站起来;经过他们前面时,也一定快步走。

解读

齐衰:古代丧服,以衣服的特殊质料与设计来表达穿者服丧之心意。

冕衣裳者:世袭爵位的人,也有年少者。

必:两个"必"字,表示恻隐与恭敬。

原文

颜渊喟然叹曰:"仰之弥高,钻之弥坚,瞻之在前,忽焉在后。夫子循循然善诱人,博我以文,约我以礼,欲罢不能。既竭吾才,如有所立卓尔。虽欲从之,末由也已。"

译文

颜渊赞叹,说:"越抬头看,越觉得崇高;越深入学习,越觉得深。看起来是在前面,忽然又到后面去了。老师很能循序渐进地带领学生,他以文献知识丰富我的见解,又以礼制规范约束我的行为,使我想停下来都不可能。我尽了才力,好像学会了立身处世的本领。但我想要再进一步,却又找不到路可以走了。"

> **解读**

在前：与在后合用，描写孔子思想的神妙，可以兼顾前后，对生命做全方位的观照。

末由：无路可循，表示面临智慧这一关。过了这一关，就是"不惑"，也就是能权衡抉择了。

> **原文**

子疾病，子路使门人为臣。病间，曰："久矣哉，由之行诈也！无臣而为有臣。吾谁欺？其天乎！且予与其死于臣之手也，无宁死于二三子之手乎？且予纵不得大葬，予死于道路乎？"

> **译文**

孔子病得很重，子路安排学生们组织治丧处。后来病情好转些，孔子说："这段时日以来，仲由的骗人做法太久了！不该有治丧的组织却假装有。我想欺瞒谁呢？难道要欺瞒天吗？我与其在治丧的人手里过世，不如在你们学生的手里过世吗。况且我就算得不到隆重的葬礼，我难道就是死在路上吗？"

> **解读**

为臣：专管治丧的家臣组织，原来是诸侯以上才可设置。春秋时期，卿大夫也仿效。孔子当时的身份是不能设家臣的。

欺天：天不可欺，表明天可明察一切。这里所说的话，不能以情绪语言视之。孔子能在七十岁时到达"从心所欲，不逾矩"的修养，应与这种凡事不欺天的信念有关。

原文

子贡曰:"有美玉于斯,韫椟而藏诸,求善贾而沽诸?"子曰:"沽之哉,沽之哉,我待贾者也。"

译文

子贡说:"这里有一块美玉,把它放在柜子里藏起来呢?还是找一位商人卖掉它呢?"孔子说:"卖掉吧,掉吧,我是在等待好商人呢。"

解读

善贾:好商人或识货的商人,在此应指有眼光的政治家。

沽之:孔子希望能得君行道,可以济助天下百姓。

原伯子思

原 文

子欲居九夷，或曰："陋，如之何？"

子曰："君子居之，何陋之有？"

译 文

孔子想居住在九夷，有人说："简陋之地，如何居住呢？"孔子说："有君子居住到那里，还会简陋吗？"

解 读

九夷：指淮夷，在齐、鲁南方。是较为偏远落后的地区。

君子：在历史上有箕子远赴朝鲜，后来则有孔子自认为可以化民成俗。

祝阿伯子上

原文

子曰："吾自卫反鲁，然后乐正，《雅颂》各得其所。"

译文

孔子说："我从卫国返回鲁国，然后把音乐的篇章，使《雅》和《颂》都归到它们的分类处。"

解读

反鲁：时间在鲁哀公十一年（前484），孔子六十八岁。这是他整理诗书与修订礼乐之后的心得。

乐正：配合诗体（如雅与颂），依其篇章用于不同场合，并且乐音也须随之调整，以免流于俗陋。

荥阳伯子徒

原文

子曰："出则事公卿，入则事父兄。丧事不敢不勉，不为酒困，何有于我哉。"

译文

孔子说："出外事奉公卿（长官），回家则服侍父兄。办丧事时不敢不勤勉，不嗜酒贪杯，有什么我做不到的呢？"

解读

公卿：古代公卿退休后，回到乡里从事教育工作。因此一般人在日常生活中也可能遇到他们。本句所提到的四件事，都是极常见的，正是孔子落实观念的地方。

何有：这些事是人活着就"永远"做不完的，所以在此说"多少"，是就完美程度而言的，表明自我期许之意。

弁伯子有

原文

子在川上,曰:"逝者如斯夫,不舍昼夜。"

译文

孔子站在河岸上说:"逝去的时光就像这河水,没日没夜奔流而去"。

解读

逝者:在此指时光,而人的生命当然也在里面。既然如此,怎能不珍惜时光!

原文

子曰:"吾未见好德如好色者也。"

译文

孔子说:"我没见过爱好道德像爱好美色的人。"

解读

未见:这是对孔子个人观察而言,其中也显示了感叹与期许。

好德:好德必须以实修身来实现,好色则放纵欲望即可,两者之难易不可以判定。但是在孔子的学说中,好德出于向善的天性,只是一般人能觉察而已。他的教育目标就由这里开始。

原文

子曰:"譬如为山,未成一篑,止,吾止也。譬如平地,虽覆一篑,进,吾往也。"

译文

孔子说:"譬如堆土成山,只要再加一筐土就成山,如果停下来,那是我自己停下来的。譬如在平地上,即使才倒了一筐土,如果继续做,那也是自己要向前进的。"

解读

譬如:智者都善用比喻,使学生了解深刻的道理。本段重点在于强调自己的意愿与责任,并且显示刚健进取的人生态度。

原文

子谓颜渊,曰:"惜乎,吾见其进也,未见其止也。"

译文

孔子谈到颜渊时,说:"可惜他已经死了!我只看到他不断进步,没有见他停下来。"

解读

惜:如果颜渊当时还活着,成就将不可限量。

原文

子曰:"苗而不秀者有矣夫!秀而不实者有矣夫!"

译文

孔子说:"庄稼生长了却不开花吐穗的,有这样的情形啊!开花了却不结实的,也有这样的情形啊!"

解读

苗:庄稼,结实才能食用,开花是指吐穗。本句比喻的可能是感叹颜渊早死。不过,如果用来描述修身必须坚持到底,才能开花结果,也很恰当。择善若不能坚持,终究令人惋惜。

原文

子曰:"后生可畏,焉知来者不如今也?四十、五十而无闻焉,斯亦不足畏也已。"

译文

孔子说:"年轻人是可怕的,怎么知道他们将来会比不上现在人呢?人到了四十岁或五十岁还没有什么好名望,也就不值得怕了。"

解读

畏:在此指服。年轻人若肯努力,前途不可限量。

闻:名望为人所知。古代信息不发达,名望得来不易。今天的情况不同,因此要译为"好名望"。

原文

子曰:"法语之言,能无从乎?改之为贵。巽与之言,能无说乎?绎之为贵。说而不绎,从而不改,吾末如之何也已矣。"

译文

孔子说:"义正辞严的话,能不接受吗?要改正过错才可贵。赞许顺耳的话,能不高兴吗?要分析含义才可贵。光是高兴而不分析,表面接受而实际不改,我对这样的人是没有什么办法的。"

解读

末:没办法的原因是知过不改要比不知过更麻烦,孔子也将束手无策。

开阳伯子之

原文

子曰："三军可夺帅也，匹夫不可夺志也。"

译文

孔子说："三军可以丧失（俘获或杀死）主帅，匹夫不可夺去他的信念。"

解读

三军：周朝的制度，诸侯大国拥有三军（不是现在的陆、海、空）。

匹夫：古代指一般平民百姓。匹夫的志向由自己决定，所以可以坚持不变，至死不改。

原文

子曰:"岁寒,然后知松柏之后凋也。"

译文

孔子说:"天气寒冷时,才知道松柏树是最后凋零的。"

解读

寒:比喻考验的严酷,可以分辨君子与小人。

睢阳伯子秀

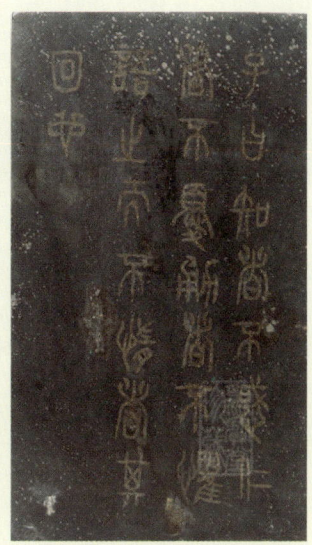

原文

子曰:"知者不惑,仁者不忧,勇者不惧。"

译文

孔子说:"智慧的人不会疑惑,有仁德的人不会忧虑,勇敢的人不会惧怕。"

解读

知者:这三种可能并存于一人身上,所以要从其表现来判断。

原 文

子曰:"语之而不惰者,其回也与!"

译 文

孔子说:"与他谈话从不显得懈怠的,大概就是回吧!"

郮伯子旗

原文

子曰："可与共学,未可以适道;可以适道,未可与立;可与立,未可与权。"

译文

孔子说："可以一起学习,未必可以同他走正道;可以同走正道,未必可以与他一起建立功业;可以一起建立功业,未必可与他一起权变改革。"

解读

共学、适道、立、权:代表学习的四个阶段。所学的是做人处事的道理。道是人生正途,必须步步前行;立是可以立身处世;权是最难的,如孔子的"无可无不可"。并且自己权衡,又与人一起权衡,这样的人自然不易得了。

须句伯子文

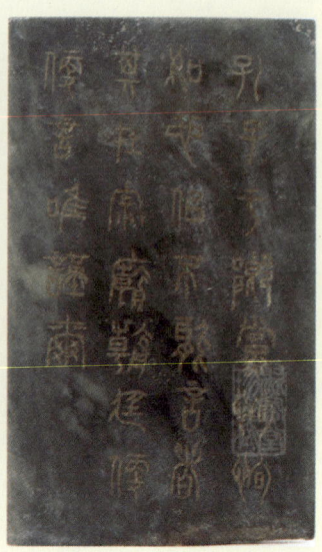

> 原文

孔子于乡党，恂恂如也，似不能言者。其在宗庙朝廷，便便言，唯谨尔。

> 译文

孔子在乡里十分谦恭，好像是不善言谈的人。他在宗庙和朝廷上，则说得明白畅达，只是很谨慎。

> 解读

似：这是观察者眼中的孔子。孔子在乡里，不愿夸示自己的本领，没必要就不多说。

原文

朝，与下大夫言，侃侃如也；与上大夫言，訚訚如也。君在，踧踖如也，与与如也。

译文

上朝时，与下大夫说话，温和愉快的样子；与上大夫说话，正直和悦的样子。国君上朝时，恭敬而警惕的样子，行步安稳的样子。

解读

朝：孔子在朝廷上的态度以俭为依归，这是礼法的教育的成果。

原文

君召使摈，色勃如也，足躩如也。揖所与立，左右手，衣前后，襜如也。趋进，翼如也。宾退，必复命曰："宾不顾矣。"

译文

国君召孔子接待外国贵宾，他脸色显得矜持庄重，脚步随着快起来。他向同朝官员作揖，向左边拱手，再向右边拱手，衣裳前后摆动却很整齐。他快步前进时，好像鸟儿舒展翅膀。贵宾辞别后，他一定回来向国君报告说："客人已经走远了。"

解读

特别召命他为上"摈"（另外有承摈与末摈），这本来是由卿负责的事，因为孔子知礼，所以有此任命。这是在鲁定公十年（前500）以后，至孔子五十二岁时的资料。

孔子弟子铭传

原文

入公门，鞠躬如也，如不容。立不中门、行不履阈。

过位，色勃如也，足躩如也，其言似不足者。

摄齐升堂，鞠躬如也，屏气似不息者。

出，降一等，逞颜色，怡怡如也。

没阶，趋进，翼如也。

复其位，踧踖如也。

译文

孔子走进朝廷大门，谨慎而敬畏，好像没有容身之地方。站，不站在门中间；走，不踩门槛。

经过国君的座位，脸色显得矜持庄重，脚步也加快，说话也轻得听不清楚。

提起下衣摆向堂上走时，谨慎而敬畏，屏气好像没呼吸一样。

退出堂时，走下一级台阶，脸色才放轻松，显得自在而愉快。

下了台阶，快步前走时，好像鸟儿舒展翅膀。

回到自己的位置时，又显得恭敬而警惕的样子。

解读

鞠躬：形容恭敬谨慎的样子。

原文

执圭，鞠躬如也，如不胜。上如揖，下如授。勃如战色，足蹜蹜如有循。

享礼，有容色。

私觌，愉愉如也。

译文

孔子出使外国，参加典礼，手捧着圭，谨慎而敬畏，好像力气不够似的。向上拿好像在作揖，向下拿好像要给人。脸色矜持而警觉，脚步紧凑而拘谨。

献礼物时，和气大方。

私下与外国君臣会见时，显得和悦。

解读

圭：玉器。出使外国，执此为代表诸侯的信物。古代出使之礼，称为聘问礼。

原文

君子不以绀緅饰，红紫不以为亵服。

当暑，袗绤绤，必表而出之。

缁衣，羔裘；素衣，麑裘；黄衣，狐裘。

亵裘长，短右袂。必有寝衣，长一身有半。狐貉之厚以居。

去丧，无所不佩。

非帷裳，必杀之。羔裘玄冠不以吊。

吉月，必朝服而朝。

译文

君子不用天青色与铁灰色做镶边，平常居家的衣服则不用浅红色与紫色。

夏天时，穿细的或粗的葛布单衣，外出一定加一件上衣。

穿黑色礼服时，上衣配的是黑色的羔裘，白色礼服配白色的麑，黄色礼服配黄色的狐裘。

居家所穿的皮裘上衣要长些，但右边的袖子要短些。睡觉时一定要有小被子，比身长多一半。

座位上铺着厚的狐貉皮。

服丧期满之后,没有不可以佩戴的东西。

不是上朝与祭祀穿的衣裳,一定要裁去一些布,不穿戴黑色的羔裘与黑色的礼帽去吊丧。

正月初一,一定要穿着朝服去朝贺。

解读

羔裘:黑色小羊皮做的皮袄。麑为小鹿,狐为狐狸。

短右袂:古代有以右兼指左右手的说法。所以是指两条袖子,而非一长一短。这是相对于亵裘长而说的。

原文

齐,必有明衣,布。齐必变食,居必迁坐。

译文

斋戒沐浴时,一定有浴衣,用布做的。

斋戒时,一定改变平日的饮食,居处也一定换房间。

解读

变食:改变平日饮食,以简单、洁净、使人寡欲为主。

迁坐:不住平日较为舒适的卧室。

原文

食不厌精，脍不厌细。

食饐而餲，鱼馁而肉败，不食。色恶，不食。臭恶，不食。失饪，不食。不时，不食。割不正，不食。不得其酱，不食。

肉虽多，不使胜食气。

唯酒无量，不及乱。

沽酒市脯，不食。

不撤姜食，不多食。

译文

粮食不以做得精致而满足，肉类也不以切得细为满足。

食物放久变了味道，鱼与肉腐烂了，都不吃。颜色难看的，不吃。味道难闻的，不吃。烹饪不当的，不吃。不当时，不吃。切割方式不对的肉，不吃。没有相配的调味料，不吃。

即使桌上的肉较多，也不超过吃的主食。

只有喝酒不规定分量，但是不喝醉。

买来的酒与肉干，不吃。

姜不随着食物撤走，但不多吃。

解读

厌：满足之意。对食物的精粗并不挑剔，但须留意以下所说的"不食"。

沽：买来的酒与肉干，不吃。吃的或是自己做的，或是朋友做的。这是考虑到卫生与健康。一般人未必如此，否则无此行业。

原文

祭于公,不宿肉。祭肉不出三日。出三日,不食之矣。

译文

参加国家祭祀典礼,带回家的祭祀肉不留到第二天。别的祭祀肉保存也不超过三天。超过三天的,就不吃了。

解读

祭于公:大夫与士在帮助国君祭祀时,自己须带一份祭肉。典礼结束后,也分一些国家的祭肉。因此这种祭肉带回家之后,不能再多放一天。

原文

食不语,寝不言。

译文

吃饭时不谈论,睡觉时不说话。

解读

语:交谈、讨论。也许是影响食欲及消化。
言:表达观点。也许是使心思复杂而无法入梦。

原文

虽疏食菜羹，必祭，必齐如也。

译文

即使吃的是粗饭与菜汤，也一定要先祭拜，态度恭敬而虔诚。

解读

祭：取出一些食物，放于祭器内。祭最初发明熟食的人，表示不忘本。每日如此，那人的虔诚可以想见。

原文

席不正，不坐。

译文

席子没有放正，不坐下。

解读

席：正席然后就坐，也是礼。这样的小地方也一丝不苟。

原文

乡人饮酒，杖者出，斯出矣。

译文

与乡里人一起饮酒完，要等年长的人都离席了，他才走出去。

解读

乡饮酒：为古礼之一，有四种情况：一、三年宾贤能；二、乡大夫宴国中贤者；三、州长习射饮酒；四、党正腊祭饮酒。现在已经无法想象当时乡里的人有这一类活动了。

杖者：古代的人到了六十岁，可以在乡里挂杖而行，表示年长之意，可以得到应有的尊重。

原文

乡人傩，朝服而立于阼阶。

译文

乡里人举行迎神逐鬼的仪式时，他穿着正式朝服站在东边的台阶上。

解读

傩：民俗信仰的仪式，用于迎神驱逐鬼。

阶段：东边的台阶。古代房子若坐北朝南，进门台阶在东西两边。站在东阶，表示自己是主人，对乡人的仪式虽不参加，但态度庄重。

原文

问人于他邦,再拜而送之。

译文

托人向国外的朋友问候送礼时,对所托的人拜两次送行。

解读

再拜:拜两次,表示感谢,也表示向国外友人的敬意。

原文

康子馈药,拜而受之。曰:"丘未达,不敢尝。"

译文

季康子派人送药来,孔子拜着接受。他说:"我不清楚这种药的药性,不敢服用。"

解读

达:了解药物的药性才服用,表示谨慎。有人认为孔子深通医理,此即得知。

原文

厩焚。子退朝,曰:"伤人乎?"不问马。

译文

孔子的马棚失火烧了。孔子从朝廷回来,说:"有人受伤吗?"没有问到马。

解读

伤人呼:马棚烧了,受伤的可能是车夫、马夫、工人等身份较卑微者,而孔子并无阶级意识,只是以平等态度来关怀所有的人。至于马,在古代属于财物,显然不能与人相提并论。

原文

君赐食,必正席先尝之。君赐腥,必熟而荐之。君赐生,必畜之。
侍食于君,君祭,先饭。

译文

国君赏赐煮熟的食物,孔子一定端坐好,先吃一些。国君赏赐未煮的食物,他一定煮熟之后,先向祖先进奉。国君赏赐活的生物,他一定先养着。
陪同国君进食,在国君饭前行祭时,他先吃饭。

解读

先饭:先为国君赏食物,不敢自居为客人,表示尊敬。

原 文

疾,君视之,东首,加朝服,拖绅。

译 文

孔子生病时,国君来探望,他改卧在面朝东的方向,身上加盖正式的朝服,还拖着大腰带。

解 读

东首:国君自视为主人,从东阶入门。所以孔子须面向东来迎接。

原 文

君命召,不俟驾行矣。

译 文

国君有命传召,他不等车驾准备好,就先步行。

解 读

行:立即动身,可以节省时间,更表示敬慎。

宿伯昏

 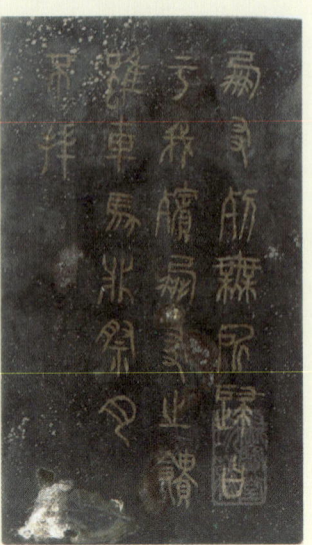

原文

朋友死，无所归，曰："于我殡。"

译文

朋友死了，没有人料理后事，孔子说："让我来料理吧！"

解读

我：这时显示深情厚谊，因为这样的朋友必然是家道中落或子孙不孝。又一例雪中送炭。孔子费时费力费钱，只为成全情义。

原文

朋友之馈，虽车马，非祭肉，不拜。

译文

朋友的馈赠品,虽然是贵重的车辆和马匹,只要不是祭肉,一概不施拜礼。

解读

拜:祭肉则拜,表示尊重朋友的祖先。至于车马,虽然贵重,而合乎情义,收了可以。

原文

寝不尸,居不客。

译文

睡觉的姿势不像尸体一样直躺着,平时坐着也不见做客那样。

解读

尸:古代祭祀时,以小孩代替祖先坐在台上,称为尸。必须保持端正的姿势。这里不是指死尸。

原文

见齐衰者,虽狎必变。见冕者与瞽者,虽亵必以貌。

凶服者式之,式负版者。

有盛馔,必变色而作。

迅雷风烈必变。

译文

　　孔子看见穿孝服的人，虽是平日熟悉的，也一定改变态度。看见戴礼帽的与瞎眼的人，虽然常常碰面，也一定有礼貌。

　　坐在车上时，见穿丧服的，他也身向前倾，手扶横木，以示心意。见背负国家图籍的人，乘车时也同样。

　　做客人时，有特别丰富的菜肴，一定改变神色，站起来向主人致意。

　　遇到急雷狂风，必定要改变容色。

原文

　　升车，必正立，执绥。车中，不内顾，不疾言，不亲指。

译文

　　上车时一定端正站好，再抓住扶手带跨上去。在车中，不向内回顾，不急速说话，不用手指画。

解读

　　内顾：东张西望的样子。这三个"不"都是防止不礼貌也不恰当的表现。

郑伯季次

原文

色,斯举矣,翔而后集。曰:"山梁雌雉,时哉时哉!"子路共之,三嗅而作。

译文

脸色刚变,野鸡立刻飞起,盘旋后落到不远处。孔子说:"山梁上的母野鸡,多识时呀,多识时呀!"子路向野鸡拱手,(野鸡)警惕地看了几遍就飞走了。

解读

时哉:懂得时宜,意思指山鸡看到情况不对,立即飞走。人也应该看时机而行动。

原文

子曰:"先进于礼乐,野人也;后进于礼乐,君子也。如用之,则吾从先进。"

译文

孔子说:"先学习礼乐再得到官位的,是淳朴的一般人;先得到官位的再学习礼乐的,是卿大夫的子弟。如果要选用人才,我主张选用先学习的人。"

解读

先进:与野人相提并论,表示由质朴再加教化。后进则是先有官位的贵族子弟,未必保存质朴的性格,能否学好礼乐也成问题。

原文

子曰:"从我于陈蔡者,皆不及门也。"

译文

孔子说:"跟随我在陈国、蔡国之间的学生,现在都没有在这里了。"

解读

不及门:没有来往,所以饱经忧患,当时是鲁哀公六年(前504),孔子已六十三岁,周游列国时受困于陈、蔡之间,绝粮多日,弟子生病,情况凄惨。后来楚王出兵相助,才化解危机。

原文

德行：颜渊、闵子骞、冉伯牛、仲弓。
言语：宰我、子贡。
政事：冉有、季路。
文学：子游、子夏。

译文

德行优良者：颜渊、闵子骞、冉伯牛、仲弓。
言语杰出者：宰我、子贡。
长于政事者：冉有、季路。
熟悉文献者：子游、子夏。

解读

德行：四科十哲以德行为首，可见孔子的教学主旨。四科由而下，有优先性与涵盖性，其次才是各有所长。
闵子骞：闵损，字子骞，鲁国人，小孔子十五岁。
言语：思想通达，见解过人，才可精于言语。可惜孔门的这一科在后代未受重视。

原文

子曰："回也，非助我者也，于吾言无所不说。"

译文

孔子说："回啊，不是帮助我的人，他对我所说的话没有不满意的。"

解读

助：老师希望学生提问，以便教学相长。但是本句所论的颜回，却是有智又勤于实践的学生，对孔子的学说可以完全理解。

原文

子曰："孝哉闵子骞！人不间于其父母昆弟之言。"

译文

孔子说："闵子骞真是孝顺啊！别人都不质疑他父母兄弟称赞他的话。"

解读

间：有不同意见或质疑。

原文

南容三复"白圭"。孔子以其兄之子妻之。

译文

南容一再诵读"白圭"的诗，孔子把他哥哥的女儿嫁给他。

解读

"白圭"，见于《诗经·大雅》，内容是："白圭之玷，尚可磨也。斯之玷，不可为也。"由此可知他谨言慎行，可保安乐，所以孔子把侄女嫁给他。

原文

颜渊死，颜路请子之车以为之椁。子曰："才不才，亦各言其子也。鲤也死，有棺而无椁。吾不徒行，以为之椁。以吾从大夫之后，不可徒行也。"

译文

颜渊死了，颜路请孔子把车卖掉为颜渊买椁。孔子说："不管有没有才能，说起来总是自己的儿子。鲤死时，也只是有棺而没有椁。我没有自己步行而把车卖作椁。因为我曾担任大夫，是不可以步行的。"

解读

颜路：颜渊的父亲，名无繇，字子路，小孔子六岁，是孔子的学生。

原文

颜渊死。子曰："噫！天丧予！天丧予！"

译文

颜渊死了，孔子说："噫！上天亡我也，上天亡我也。"

解读

天：天命与人意相违时，孔子无可奈何，只能感叹。这种情绪的背后，仍是信仰，即使不了解天命，也按心接受。

原文

颜渊死,子哭之恸。从者曰:"子恸矣!"曰:"有恸乎?非夫人之为恸而谁为?"

译文

颜渊死了,孔子哭得非常伤心。跟随在旁的人说:"老师过度伤心了!"孔子说:"我有过度伤心吗?我不为这样的人过度伤心,又为谁过度伤心呢?"

解读

恸:伤心过度。为颜渊而恸,也为自己的理想无法传承,为天下人少了圣贤之才而恸。

原文

颜渊死,门人欲厚葬之。子曰:"不可。"

门人厚葬之。子曰:"回也,视予犹父也,予不得视犹子也。非我也,夫二三子也。"

译文

颜渊死了,学生们想要举行隆重的葬礼。孔子说:"这样不可以。"

学生们还是举行了隆重的葬礼。孔子说:"回啊!你把我看做像父亲一样,我却不能把你看做像我的儿子一样。这件不合礼的事不是我的主意,是学生们做的啊。"

解读

厚葬:家贫不应厚葬。

犹父:古代师生如父子,孔子与颜渊是典型的例子。孔子的意思是如果视回如子,就不应违礼厚葬。

原文

季路问事鬼神。子曰:"未能事人,焉能事鬼?"曰:"敢问死?"曰:"未知生,焉知死?"

译文

子路请教如何服侍鬼神,孔子说:"没有办法服侍活人,怎么有办法服侍死人?"子路又问:"胆敢请教死是怎么回事?"孔子说:"没有了解生的道理,怎么会了解死的道理。"

解读

鬼神:包括天神、地祇、人鬼等超自然的力量。人应如何与他们保持适当关系?子路的问题非常重要,而孔子的回答举重若轻,推源于当下的人类世界,因为没有人类,一切皆不必谈。

死:孔子所知的死,是与生不可分的。只有知道如何生与为何生,才能明白死的意义。离生而言死,只是诞妄;离死而言生,只是愚蒙。在《论语》中,"生"字出现十六次,"死"字出现三十八次,所以我们不必认为孔子不知死的道理。

原文

闵子侍侧,訚訚如也;子路,行行如也;冉有、子贡,侃侃如也。子乐。曰:"若由也,不得其死然。"

译文

闵子骞站在孔子身边,看来正直的样子;子路,看来刚强的样子;冉有与子贡,看来和悦的样子。孔子很高兴,后说:"像由这样,恐怕将来不得善终。"

解读

由:子路刚强又好勇,在乱世中恐怕难以免祸。所以孔子为他担心。子路后来卷入卫国父子争位的乱局,不幸遇害。时在孔子七十二岁时。

原文

鲁人为长府。闵子骞曰:"仍旧贯,如之何?何必改作?"子曰:"夫人不言,言必有中。"

译文

鲁国官员准备扩建叫长府的国库,闵子骞说:"照着原来的规模,怎么样呢?为什么一定要重新扩建?"孔子说:"这个人平常不说话,一说话就很中肯。"

解读

长府:鲁国国库,内有财货、兵械。背景是鲁昭公与三家之间的权力争夺。闵子骞认为扩建国库不但劳民伤财,而且将带来动乱。

原文

子曰:"由之瑟,奚为于丘之门?"门人不敬子路。子曰:"由也升堂矣,未入于室也。"

译文

孔子说:"由所弹的这种瑟声,怎么会出现在我的门下呢?"其他的学生听了这话,就不尊重子路。孔子说:"由的修养已经登上大厅,只是还没进入深奥的内室。"

解读

瑟：古代乐器，常以琴瑟并称。

堂：正厅，再走进去则是内室，表示最高境界。意思是子路已经不错了。

原文

子贡问："师与商也孰贤？"子曰："师也过，商也不及。"

曰："然则师愈与？"子曰："过犹不及。"

译文

子贡请教："颛孙师与卜商两个人，谁比较好？"孔子说："师的言行过于急进，商则稍嫌不足"。

子贡说："那么师要好一些吗？"孔子说："过头与不足同样不好。"

解读

师：颛孙师，子张。

商：卜商，子夏。

过：个性有过与不及，都需要修正。人一生皆受制于性格而无可奈何。

原文

季氏富于周公，而求也为之聚敛而附益之。子曰："非吾徒也。小子鸣鼓而攻之可也。"

译文

季氏的财富超过周公,而冉求还为他搜刮,更增加了他的财富。孔子说:"冉求不是我的弟子,学生们可以敲着大鼓去批判他。"

解读

周公,应指周公后代的鲁君,当时鲁国由鲁君与三家分而有之,而季氏独大,又增加田赋,冉求就是忠于季氏而忽略大义的人。孔子对他的失望,溢于言表。

原文

柴也愚,参也鲁,师也辟,由也喭。

译文

高柴生性愚笨,曾参生性迟钝,颛孙师生性偏激,仲由生性鲁莽。

解读

柴:高柴,字子羔,孔子的学生,小孔子三十岁。本句所论四位学生(高柴、曾参、子张、子路)皆指其生性而言,侧重在天生的气质与性向。所谓"因材施教",正是由此展开。孔子的学生原来也是平凡人,但是受过教育之后,使人刮目相看。

原文

子曰:"回也其庶乎,屡空。赐不受命而货殖焉,亿则屡中。"

译文

孔子说:"颜回的修养已经差不多了,可是常常穷得一文不名。端木赐不准许经营投机,猜测行情常常很准。"

解读

不受命:古代的正式商人必须受命于官府,子贡不算这种商人,所以不属于"商贾"。司马迁的《史记》有"货殖列传",第一位介绍的是子贡。因此,不受命与此有关,而不必谈天命、禄命、教命等。

原文

子张问善人之道。子曰:"不践迹,亦不入于室。"

译文

子张问善人的道理。孔子说:"不踩前人的足迹,学问修养也难达最高境界。"

解读

善人:有志为善的人或行善的人。若是领悟"仁",才能明白"为何"行善,就是从自我要求到兼善天下,必要时还可牺牲生命。

原文

子曰:"论笃是与,君子者乎?色庄者乎?"

译文

孔子说:"言论笃实固然值得肯定,但他是言行合一的君子,还是面貌显得庄重的人。"

解读

与:赞许。本句提醒人察言观色,而以实践最重要。

原文

子路问:"闻斯行诸?"

子曰:"有父兄在,如之何其闻斯行之?"

冉有问:"闻斯行诸?"子曰:"闻斯行之。"

公西华曰:"由也问闻斯行诸,子曰'有父兄在';求也问闻斯行诸,子曰:'闻斯行之'。赤也惑,敢问。"

子曰:"求也退,故进之;由也兼人,故退之。"

译文

子路问:"听到的事情,就去做吗?"

孔子说:"父亲与哥哥还在,怎么能听到的事就去做呢?"

冉有问:"听到的事就去做吗?"孔子说:"听到的事就去做。"

公西华说:"仲由问'听到的事就去做吗?'老师说'父亲与哥哥还在',当求有问'听到的事就去做吗?'老师说'听到的事就去做'。我觉得有些困惑,冒昧来问。"

孔子说:"冉有做事比较退缩,所以我鼓励他上进;仲由做事勇往直前,所以我让他保守些。"

解读

闻斯：听到可以做的事。在此不是指清楚合义合礼之事，而是指可以选择做或不做的事，如赈穷救灾，必须量力而为。本段是因材施教的典型例子。一进一退之间，学生终身受益。

原文

子畏于匡，颜渊后。子曰："吾以汝为死矣。"曰："子在，回何敢死？"

译文

孔子被匡城的群众所拘困，颜渊后来才赶到。孔子说："我以为你死了呢？"颜渊说："老师还活着，颜回怎么敢死呢？"

解读

何敢死：在古代的观念中，父亲健在时，子女不轻易冒险，更不能谈先死子。颜渊视孔子如父，所以这样说。若老师有了不幸，则师仇也是不共戴天，将求伸张正义，死而无悔。

原文

季子然问："仲由、冉求可谓大臣与？"子曰："吾以为异之问，曾由与求之问。所谓大臣者，以道事君，不可则止。今由与求也，可谓具臣矣。"

曰："然则从之者与？"子曰："弑父与君，亦不从也。"

译文

季子然问:"仲由与冉求可以称得上是大臣吗?"孔子说:"我以为你要问别的人,原来是要问由与求。所谓"大臣",是以正道来服侍君主,行不通就辞职。现在仲由与冉求二人,只可以说是称职的臣子。"

季子然说:"那么他们唯命是从吗?"孔子说:"遇到杀父母与杀君主的事,他们也不会顺从的。"

解读

季子然:季氏子弟。

具臣:称职的臣子,可以尽忠职守。

原文

子路使子羔为费宰。子曰:"贼夫人之子。"

子路曰:"有民人焉,有社稷焉,何必读书,然后为学?"

子曰:"是故恶夫佞者。"

译文

子路安排子羔担任费县县长。孔子说:"你这样做,害了这个年轻人。"

子路说:"有百姓及各级官员,也有土地与五谷,为什么一定要读书才算是学问呢?"

孔子说:"这就是我讨厌能言善辩者的人。"

解读

为学:为学本来不限于读书,子路的说法没有错。但是不读书或读书不多,就投入实际政事,所学的不仅有限,而且可能会付出不少错误的代价。

原文

子路、曾皙、冉有、公西华侍坐。

子曰:"以吾一日长乎尔,毋吾以也。居则曰:'不吾知也!'如或知尔,则何以哉?"

子路率尔对曰:"千乘之国,摄乎大国之间,加之以师旅,因之以饥馑;由也为之,比及三年,可使有勇,且知方也。"

夫子哂之。

"求!尔何如?"

对曰:"方六七十,如五六十,求也为之,比及三年,可使足民。如其礼乐,以俟君子。"

"赤!尔何如?"

对曰:"非曰能之,愿学焉。宗庙之事,如会同,端章甫,愿为小相焉。"

"点!尔何如?"

鼓瑟希,铿尔,舍瑟而作,对曰:"异乎三子者之撰。"

子曰:"何伤乎?亦各言其志也。"

曰:"莫春者,春服既成,冠者五六人,童子六七人,浴乎沂,风乎舞雩,咏而归。"

夫子喟然叹曰:"吾与点也!"

三子者出,曾皙后。曾皙曰:"夫三子者之言何如?"

子曰:"亦各言其志也已矣。"

曰:"夫子何哂由也?"

曰:"为国以礼,其言不让,是故哂之。"

"唯求则非邦也与?"

"安见方六七十,如五六十,而非邦也者?"

"唯赤则非邦也与?"

"宗庙会同,非诸侯而何?赤也为之小,孰能为之大?"

译文

子路、曾皙、冉有、公西华在旁边坐着。

孔子说:"我比你们大几岁,希望你们不要因此觉得拘谨。平日你们常说:'没有人了解我!'如果有人了解你们,又要怎么做呢?"

子路立刻回答说:"一千辆兵车的国家,夹处在几个大国之间,外面有军队侵犯,国内又碰上饥荒,如果让我来治理,只要三年,就可以使百姓变得勇敢,并且明白道理。"

孔子听了微微一笑。

又问:"求!你怎么样?"

冉有回答说:"纵横有六七十里,或五六十里的地方,如果让我来治理,只要三年,就可以使百姓富足。至于礼乐教化,则须等待高明的君子了。"

再问:"赤!你怎么样?"

公西华回答说:"我不敢说我可以做到,只是愿意这样学习;宗庙祭祀或者国际盟会,我愿意穿礼服戴礼帽,担任一个小司仪。"

又问:"点!你怎么样?"

曾皙弹瑟的声音渐稀,然后铿的一声,把瑟推开,站起来回答:"我与三位同学的说法有所不同。"

孔子说:"有什么妨碍呢?各人说出自己的志向罢了。"

曾皙说:"暮春三月时,春天的衣服已穿上,我陪同五六位成年人,六七个小孩子,到沂水边洗澡,在舞雩台上吹吹风,然后一路唱着歌回家。"

孔子听了赞叹一声,说:"我欣赏点的志向啊!"

三位同学都出来,曾皙留在后面。曾皙说:"那三位同学的话怎么样?"

孔子说:"各人说出自己的志向罢了。"

曾皙又说:"老师为什么对由的话要微笑呢?"

孔子说:"治理国家要靠礼,他的话却毫不谦让,所以我笑他。"

曾皙再问:"难道求所讲的不是指国家吗?"

孔子说:"怎么看出纵横六七十里或五六十里的地方不是国家呢?"

曾皙又问:"难道公西赤所讲的不是指国家吗?"

孔子说:"有宗庙祭祀的国际盟会,不是诸侯之国又是什么?公西赤如果只做个小司仪,谁又能做大司仪呢?"

解读

曾皙:曾点,字子皙,与其子曾参皆为孔子的学生。他的志向是要配合天时(暮春)、地理(沂水、舞雩台)、人和(冠者五六人,童子六七人),由此自得其乐,随遇而安。孔子欣赏他的志向,显示儒家在人世情怀中,也有潇洒自在的意趣。

原文

颜渊问"仁"。子曰:"克己复礼为仁。一日克己复礼,天下归仁焉。为仁由己,而由人乎哉?"

颜渊曰:"请问其目。"子曰:"非礼勿视,非礼勿听,非礼勿言,非礼勿动。"

颜渊曰:"回虽不敏,请事斯语矣。"

译文

颜渊问"仁",孔子说:"能够克制自己去实践礼,就是"仁"。不论任何时候,只要能够克制自己去实践礼,天下人都会肯定你是"仁"人。实践"仁"是完全靠自己的,难道还能靠别人吗?"

颜渊说:"希望指点具体做法。"孔子说:"不合乎礼的不去看,不合乎礼的不去听,不合乎礼的不去说,不合乎礼的不去做。"

颜渊说:"我虽然不够聪明,也要努力实行这些话。"

解读

仁:在学生心目中,只知道仁很重要,但不明"仁"所指的就是人生方向,孔子的回答正是指点个别学生如何择善,因而没有标准答案。

克己复礼:这四个字不能分两句说,而是一气呵成,否则会与礼对立,难免沦为性恶之说或以礼为外加于人的观点。这句话是指人应该自觉而自愿去实践礼的要求,礼的规范是群体的秩序与和谐所不可或缺的,个人与群体的紧张关系在此化解于无形,使"仁"字"从人从二"的感通意义充分实现,然后天下人自然肯定你是走在"仁"上了。

为仁由己:克己与由己并观,更显示人的主动性是行仁的关键。至于复礼,因为所谓实践礼的要求,在具体做法上必须先求四勿,犹如在固定的航道上,人生之行才可一帆风顺。

孔子弟子铭传

原 文

仲弓问"仁"。子曰:"出门如见大宾,使民如承大祭。己所不欲,勿施于人,在邦无怨,在家无怨。"

仲弓曰:"雍虽不敏,请事斯语矣。"

译 文

仲弓请教"仁",孔子说:"走出家门像是去接待重要宾客,使唤百姓像是去承办重要祭典。自己不喜欢的,不要加在别人身上。在诸侯国服务没有人抱怨,在大夫家服务也没有人抱怨。"

仲弓说:"我虽然不聪明,也要努力实行这些话。"

解 读

出门:本段中的三小句话,分别表示:一、与人交往要存敬守礼;二、以恕道增益人间情义;三、由无私促成群体和谐。一步比一步高,正是人生的明确标准。

原 文

司马牛问"仁"。子曰:"仁者,其言也讱。"

曰:"其言也讱,斯谓之仁已乎?"子曰:"为之难,言之得无讱乎!"

译 文

司马牛问"仁"。孔子说:"行仁德的人,说话非常谨慎。"

司马牛说:"说话非常谨慎,就可以称得上是"仁"了吗?"孔子说:"这是很难做到的,说话能不非常谨慎吗?"

解读

仞:说话非常谨慎。或许这是针对司马牛"多言而躁"的毛病,为他指点的。不过,从"刚毅木讷,近仁"看来,这也可以说是孔子的基本观点。仁人不轻易说话,却敏于实践。

原文

司马牛问君子,子曰:"君子不忧不惧。"

曰:"不忧不惧,斯谓之君子已乎?"子曰:"内省不疚,夫何忧何惧?"

译文

司马牛问怎么才是君子,孔子说:"君子不忧愁也不恐惧。"

司马牛说:"不忧愁也不恐惧,这样就可以称作是君子吗?"孔子说:"要能自己反省而没有任何愧疚,这样又忧愁什么与恐惧什么?"

解读

内省不疚:问心无愧,谈何容易!司马牛没深思就以为什么都很容易,真是难教。

原文

司马牛忧曰:"人皆有兄弟,我独亡!"子夏曰:"商闻之矣:'死生有命,富贵在天。'君子敬而无失,与人恭而有礼;四海之内,皆兄弟也。君子何患乎无兄弟也?"

译文

司马牛忧愁地说:"别人都有兄弟,就是我没有。"子夏说:"我听到的说法是:'死生各有命运,富贵由天按排。君子态度认真而言行没有差错,对人谦恭而往来合乎礼节。那么全天下的人都是兄弟。'君子又何必担心没有兄弟呢?"

解读

闻之:子夏所听到的,也许就是孔子说过的话。

命:命与天,在此是就人的遭遇而言,属于命运的范畴。接下去谈的君子,则属于个人可以自行抉择的使命了。

四海之内:所指的是天下人。古代对海外的情况并不清楚,现在则可以包括一切人在内。

原文

子张问"明"。子曰:"浸润之谮,肤受之愬,不行焉,可谓明也已矣。浸润之谮,肤受之愬,不行焉,可谓远也已矣。"

译文

子张问明道理。孔子说:"日积月累的中伤谗言与急迫切身的毁谤,在你那里都行不通,你可以说是有明理了。日积月累的谗言与急迫切身的毁谤,在你这里都行不通,你可以说是有远见了。"

解读

明:看得明白。明与远并论,大概为了解说《书经·太甲》的"视远惟明"一语。孔子的回答是不必舍近求远,能明见身边的小诡计,就是明,也就是远了。

原文

子贡问"政"。子曰:"足食,足兵,民信之矣。"

子贡曰:"必不得已而去,于斯三者何先?"曰:"去兵。"

子贡曰:"必不得已而去,于斯二者何先?"曰:"去食。自古皆有死,民无信不立。"

译文

子贡问政治的做法。孔子说:"使粮食充足,使军备充足,使百姓信赖政府。"

子贡子问:"如果迫不得已要去掉一项,先去掉这三项中的哪一项?"孔子说:"去掉军备。"

子贡又问:"如果迫不得已还要去掉一项,先去掉这两项中的哪一项?"孔子说:"去掉粮食。自古以来,人总难免一死,但是百姓若不信赖政府,国家就无法存在了。"

解读

信:指百姓信赖政府。这是指施政配合教化,社会因而稳定和谐。

兵:军队。

原文

棘子成曰:"君子质而已矣,何以文为?"子贡曰:"惜乎,夫子之说君子也!驷不及舌!文犹质也,质犹文也;虎豹之鞟犹犬羊之鞟。"

译文

棘子成说:"君子只要有质朴就够了,要文采做什么呢?"子贡说:"先生这样谈论君子,令人感到遗憾!须知一言既出,驷马难追!如果文采就像质朴一样,质朴也像文采一样,那么去掉文采的话,虎豹的皮就像犬羊的皮一样了。"

解读

棘子成：卫国大夫，古代时大夫可称夫子。他的话有些愤世嫉俗，可惜说得太偏激。子贡的评论是基于孔子"文质彬彬"的观点。

原文

哀公问于有若曰："年饥，用不足，如之何？"

有若对曰："盍彻乎？"

曰："二，吾犹不足，如之何其彻也？"

对曰："百姓足，君孰与不足？百姓不足，君孰与足？"

译文

哀公问有若："收成不好，国家财用不够，要怎么办呢？"

有若回答说："为什么不实行抽税十分之一的办法呢？"

哀公说："抽税十分之二，我都还嫌不够用，怎么能抽税十分之一呢？"

有若回答说："百姓够用的话，您怎么会不够用？"百姓不够用的话，您又怎么会够用？

解读

有若：在《论语》中，也称有子。他说话的口气有些像孔子。

原文

子张问崇德、辨惑。子曰："主忠信，徙义，崇德也。爱之欲其生，恶之欲其死。既欲其生又欲其死，是惑也！"

译文

子张问如何增进德行与辨别迷惑。孔子说:"以忠诚信实为主,认真实践该做的事,这样就能增进德行。喜爱一个人,希望他活久一些;厌恶他时,又希望他早些死去。既要他生,又要他死,这样就是迷惑。"

解读

欲:主观愿望,常受情绪(如爱、恶)的影响,因而制造各种困扰与迷惑。

原文

齐景公问政于孔子,孔子对曰:"君君,臣臣,父父,子子。"公曰:"善哉!信如君不君,臣不臣,父不父,子不子,虽有粟,吾得而食诸?"

译文

齐景公向孔子询问政治。孔子回答说:"君要像君,臣要像臣,父要像父,子要像子。"齐景公说,"说得对呀!如果君不像君,臣不像臣,父不像父,子不像子,就算粮食很多,我有办法吃到吗?"

解读

君君:这四句话中,第一个字是"名",第二个字是"实"。有君之名还须有君之实。不仅如此,"实"是指"分"而言,就是"标准、理想"的意思。于是君臣父子都应该努力效法理想的君臣父子,而不能徒有其名。此事应在孔子三十六岁时。

原文

子曰:"片言可以折狱者,其由也与?"子路无宿诺。

译文

孔子说:"根据一面之词就可以查出实情,判断案件的,大概就是仲由吧!子路答应要做任何事,从不拖延。"

解读

片言:诉讼中的一面之词。别人判案必须听两面说法,子路为人忠信果决,所以有些特殊才能。孔子的意思并不是描述子路经常片言折狱,而是肯定他有这种能力。

原文

子曰:"听讼,吾犹人也。必也,使无讼乎。"

译文

孔子说:"审判诉讼案件,我与别人差不多。一定要使诉讼的案件完全消失。"

解读

必也:这是转接语,意思是如果一定要如何(有所不同或做得更好)。

无讼:教化大行,则人人守法重礼,诉讼案件自然消失。

原文

子张问政。子曰:"居之无倦,行之以忠。"

译文

子张问政治的做法,孔子说:"在职位上不要倦怠,执行职务态度要忠诚。"

解读

之:指从政后的职务。

原文

子曰:"君子成人之美,不成人之恶;小人反是。"

译文

孔子说:"君子帮助别人完成善行,不促成别人做坏事。小人则正好相反。"

解读

美:与恶相对,指善行而言。

原文

委康子问政于孔子,孔子对曰:"政者,正也。子帅以正,孰敢不正?"

译文

季康子向孔子请教政治的做法,孔子回答说:"政的意思就是正。您带头走上正道,谁敢不走上正道呢?"

解读

正:一方面是上行下效,另一方面是人性向着正道的,否则一旦政治官员不善,天下百姓岂不绝望?

原文

季康子患盗,问于孔子。孔子对曰:"苟子之不欲,虽赏之不窃。"

译文

季康子为了盗贼太多而烦恼,向孔子请教对付的办法。孔子回答说:"如果你自己不贪求财货,就是有奖励他们也不会去偷窃。"

解读

不欲:在上位者贪得无厌,有些人迫于生计或有样学样,就沦为盗贼了。反之,百姓有廉耻之心,自重自爱。孔子的说法非常坦直,好像宁可说得夸大一些,以便听者早些觉悟。

原文

季康子问政于孔子曰:"如杀无道,以就有道,何如?"孔子对曰:"子为政,焉用杀?子欲善,而民善矣!君子之德风;小人之德草;草上之风,必偃。"

译文

季康子向孔子请教政治的做法,说:"如果杀掉为非作歹的人,亲近修德行善的人,这样做如何?"孔子回答说:"您负责政事,何必要杀人?您有心为善,百姓就会跟着为善了。君子的德行像风一样,一般百姓的言行像草一样。风吹在草上,草一定跟着倒下。"

解读

道:无道与有道,泛指恶人与善人。所谓恶人,大概是季康子心目中违法乱纪之辈。

原文

子张问:"士何如斯可谓之达矣?"子曰:"何哉,尔所谓达者?"子张对曰:"在邦必闻,在家必闻。"

子曰:"是闻也,非达也。夫达也者,质直而好义,察言而观色,虑以下人;在邦必达,在家必达。夫闻也者,色取仁而行违,居之不疑;在邦必闻,在家必闻。"

译文

子张问:"读书人要怎么做,才可以称为通达?"孔子说:"你所谓的通达是什么意思?"子张回答说:"在诸侯国任官一定成名,在大夫家任职也一定成名。"

孔子说:"这是成名,不是通达。通达的人,品性正直而爱好行义,认真听人说话与看人神色,凡事都想以谦逊自处。这样的人在诸侯国任官一定通达,在大夫家任职也一定通达。至于成名的人，表面上看来忠厚而实际行为是另一回事，他还自认为不错而毫不疑惑。这种人在诸侯国任官一定成名，在大夫家任职也一定成名。"

解读

达：通达，也可以说是发达。所以子张才会把它与成名混淆。

仁：在此是指忠厚的样子，所以是可以装出来的。

原文

樊迟从游于舞雩之下。曰："敢问崇德、修慝、辨惑？"子曰："善哉问！先事后得，非崇德与？攻其恶，无攻人之恶，非修慝与？一朝之忿，忘其身，以及其亲，非惑与？"

译文

樊迟陪同孔子在舞雩台下游玩时，说："胆敢请教如何提高德行，消除积怨与辨别迷惑？"孔子说："问得好！先努力工作然后再想报酬的事，不是可以增进德行吗？批判自己的过错而不要去批判别人的过错，不是可以消除积怨吗？因为一时的愤怒就忘记自己的处境与父母的安危，不是迷惑了吗？"

解读

修慝：消除积怨。慝是藏匿在心中的怨恨。经常反省与批判自己的过错，就没有多余的心力去怨恨别人了。本节三小段都是自我修养的功夫。

原文

樊迟问"仁"。子曰:"爱人。"问知。子曰:"知人。"

樊迟未达。子曰:"举直错诸枉,能使枉者直。"

樊迟退,见子夏曰:"乡也吾见于夫子而问知,子曰,'举直错诸枉,能使枉者直',何谓也?"

子夏曰:"富哉言乎!舜有天下,选于众,举皋陶,不仁者远矣;汤有天下,选于众,举伊尹,不仁者远矣。"

译文

樊迟请教"仁",孔子说:"爱护别人。"他再请教明智,孔子说:"了解别人。"

樊迟没有听懂,孔子说:"把正直的人放在偏曲的人之上,就可以使偏曲的人也变得正直。"

樊迟退出房间,看到子夏说:"刚才我去见老师,向他请教如何算是明智,老师说:'把正直的人放在偏曲的人之上,就可以使偏曲的人也变得正直,'这是什么意思呢?"

子夏说:"这句话真是含意丰富啊!舜统治天下时,在众人中挑选,把皋陶提拔出来,不'仁'的人就自然疏远了。汤统治天下时,在众人中挑选,把伊尹提拔出来,不'仁'的人自然疏远了。"

解读

爱人:爱护别人。这是孔子指点樊迟的,既切身又明白,就怕说起来容易,做起来无从下手。更难的是爱人不是不分善恶,而须爱之以道。

不仁者:泛指不"仁"的人,即坏人。但是人之好坏并非一成不变,而是在人生历程中上进或堕落的结果。

原文

子贡问友。子曰:"忠告而善道之,不可则止,毋自辱焉。"

译文

子贡问交友之道,孔子说:"要真诚相告而委婉劝导,他若不肯听从就不说,以免自取侮辱。"

解读

友:真正的朋友应该是"道义相期,肝胆相照,荣辱相关,过失相规"。以此标准视之,朋友实在不多。一般所谓朋友,常由同学、同乡、同事、同行、同道、同教的情感发展而成。孔子这里所说的原则也照样适用。

原文

曾子曰:"君子以文会友,以友辅仁。"

译文

曾子说:"君子以谈文论艺来交朋友,再以这样的朋友来帮助自己培养仁德。"

解读

文:谈文论艺。这在古代是少数知识分子的活动,现在教育普及,媒体发达,人人皆可以谈文论艺,譬如读书会、研习会都算是这一类的活动。

友:朋友的互相勉励与扶持。

原文

子路问政。子曰:"先之劳之。"请益。曰:"无倦。"

译文

子路问政治的做法,孔子说:"自己带头做事,同时使百姓勤劳工作。"子路想知道多一点,孔子说:"不要倦怠。"

解读

之:指百姓而言,因为谈的是政治,即治理百姓。

无倦:意思是择善要"固执"。在人生路上,不必常想新的点子或办法,照着该做的去做,持之以恒就是上策。

原文

仲弓为季氏宰,问政,子曰:"先有司,赦小过,举贤才。"曰:"焉知贤才而举之?"

曰:"举尔所知;尔所不知,人其舍诸?"

译文

仲弓担任季氏的总管,向孔子问政治的做法。孔子说:"先责成各级官员任事,不计较他们的小过失,提拔优秀的人才。"

仲弓说:"怎样才能认出优秀的人才,进而予以提拔呢?"孔子说:"提拔你所认识的,你不认识的,别人难道会错过吗?"

解读

宰：大夫家的家臣，其下有各级官员，称为有司，各行其职。

原文

子路曰："卫君待子而为政，子将奚先？"

子曰："必也正名乎！"

子路曰："有是哉，子之迂也！奚其正？"

子曰："野哉，由也！君子于其所不知，盖阙如也。名不正，则言不顺；言不顺，则事不成；事不成，则礼乐不兴；礼乐不兴，则刑罚不中；刑罚不中，则民无所错手足。故君子名之必可言也，言之必可行也。君子于其言，无所苟而已矣。"

译文

子路说："假如卫君请您去治理国政，您要先做什么？"

孔子说："一定要我做的话，就纠正名分了！"

子路说："您未免太迂阔了吧！有什么好纠正的呢？"

孔子说："你真是鲁莽啊！君子对于自己不懂的事，应该保留不说。名分不纠正，言语就不顺当；说话不顺当，公务就办不成；公务办不成，礼乐就不上轨道；礼乐不上轨道，刑罚就失去一定标准；刑罚失去一定标准，百姓就惶惶然不知所措了。因此君子定下一种名分，一定要让它可以说得顺当，说得出来的，也一定让它可以行得通。君子对于自己的言论，要求做到一丝不苟罢了。"

解读

正名：名是指名分。当时卫国出公在位多年，其父蒯聩原为世子，却不得继位。父子君臣之名分皆有待纠正。

名不正：这一系列推论，必须放在治国的脉络来理解。

原文

樊迟请学稼。子曰:"吾不如老农。"请学为圃。曰:"吾不如老圃。"

樊迟出。子曰:"小人哉,樊须也!上好礼,则民莫敢不敬,上好义,则民莫敢不服;上好信,则民莫敢不用情。夫如是,则四方之民襁负其子而至矣,焉用稼?"

译文

樊迟请求学习种庄稼之事,孔子说:"我比不上有经验的农夫。"他又请求学习种蔬菜,孔子说:"我比不上有经验的菜农。"

樊迟离去后,孔子说:"樊迟真是个没志气的人!在上位的人爱好礼制,百姓就没有敢不尊敬的;在上位的人爱好道义,百姓就没有敢不服从的;在上位的人爱好诚信,百姓就没有敢不实在的。能做到这样,四方的百姓就背着小孩投奔过来。又怎么用得着自己种呢?"

解读

小人:指一般的人,没有特别指向的人。古代以稼圃为小人之事,并无明白泛义,只是分工合作而已。孔子这里所说的,专指少数知识分子而言,因为他们不应该没有志气与远见。

原文

子曰:"诵《诗》三百;授之以政,不达;使于四方,不能专对;虽多,亦奚以为?"

译文

孔子说:"熟读《诗经》三百篇,给他政治任务,不能顺利完成;派他出使国外,不能独当一面。这样念书再多,又有什么用处呢?"

解读

《诗》:古代诗是从政前的基本修养,必须活学活用,才能符合孔子的期许。

专对:古代奉命出使外国,必须在言辞上独当一面,所谓"受命不受辞",否则无法完成任务。

原文

子曰:"其身正,不令而行;其身不正,虽令不从。"

译文

孔子说:"当权的人本身行为端正,就是不下命令,百姓也会实行;如果他自己行为不端正,即使下令要求,百姓也不会照着做。"

解读

正:身之正或不正,与令之行或不行,本来是两回事。现在相提并论,可见所令者是要求百姓走上正道。

"不令而行"是由于先肯定了人性向善,同时又不忽略上行下效的作用;"虽令不从"则是由于教育尚未普及,百姓的觉悟能力仍弱,看到在上位者不端正,就无法明白行善是人生的境界。

原文

子曰："鲁卫之政，兄弟也。"

译文

孔子说："鲁国与卫国的政治，其实是兄弟啊！"

解读

鲁：鲁为周公之后，卫为康叔二人，原是兄弟，并且感情和睦。这里就"政"而言，表示遗风犹存，处境却同样不大理想，即使人缅怀，又使人感叹。

原文

子谓卫公子荆："善居室。始有，曰：'苟合矣'。少有，曰：'苟完矣。'富有，曰：'苟美矣。'"

译文

孔子谈到卫国的公子荆，说："他很懂得居家的道理。开始有，就说：'真的是够用了。'稍有，就说：'真的是完美了。'多有时，就说：'真的是完美了。'"

解读

卫公子荆：这里特别标明"卫"，是因为鲁哀公也有一子，名公子荆。

苟：假设语气，为"真的是……""假如……"之意。所谓合、完、美，都是知足常乐的想法。

孔子弟子铭传

原文

子适卫，冉有仆。子曰："庶矣哉！"

冉有曰："既庶矣，又何加焉？"曰："富之。"

曰："既富矣，又何加焉？"曰："教之。"

译文

孔子前往卫国，冉有为他驾车。孔子说："这里人口众多啊！"

冉有说："人且众多之后，接着应该做什么？"孔子说："使他们富裕。"

冉有说："如果已经富裕了，还应该做什么？"孔子说："教育他们。"

解读

庶：从庶到富，再到教，是指进展的顺序，而不是指重要性的顺序。所以没有做到"教"这一步，就不算是理想的政策。事实上，教在任何阶段都是不可或缺的，只是有简单与完备之分而已。

教：到了教，就不能追问下一每步了，因为第一，教育工作永远做不完，譬如终身教育；第二，受了教育之后，人须自行努力进修与实践，政府或老师无法代劳。

原文

子曰："苟有用我者，期月而已可也，三年有成。"

译文

孔子说："真的有人任用我的话，只要一年就可以差不多，三年就会成效显著。"

解读

期月：再回到同一个月，即一年。

原文

子曰："'善人为邦百年，亦可以胜残去杀矣。'诚哉是言也！"

译文

孔子说："'行善之人治理国政，连续一百年下来，也可以做到化解残暴，去除杀戮了。'这句话说得对啊！"

解读

善人：行善的人，指有心行善与努力行善的人。他们的特点是可以做到人人所知的善，所以有善人之名，而未必了解为何要行善。譬如一个人行善，是因为他认为行善对大家都好，会受到大家欢迎，而未必了解行善是个人行为所要求的唯一途径，也就是行善的动机是自觉应该如此，而不是为了自己的目的。因此，善人连续一百年的努力，才能有可观的结果。为邦即是教化，教化如果由外建立典范，收效较慢；如果由内导正观念，使人人自觉应该为善，才可能像孔子说的"三年有成"。

原文

子曰："如有王者，必世而后仁。"

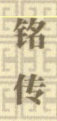

译文

孔子说:"如果出现理想的君主,也一定需要三十年才能有仁政。"

解读

王者:所谓"以德服人者,王;以力服人者,霸,"王者是指理想的君主而言。

仁:教化大行之后,百姓走上正道。三十年为一世,表示政治不可能立竿见影。

原文

子曰:"苟正其身矣,于从政乎何有?不能正其身,如正人何?"

译文

孔子说:"假使端正自己的行为,从政做官有什么困难?不能端正自身的行为,又怎样使别人端正呢?"

解读

正:端正,须用动态的观点来看,一生努力端正,持之以恒。至于正人,则是人际互动的自然成效,而未必专务于正人。

原文

冉子退朝。子曰:"何晏也?"对曰:"有政。"子曰:"其事也。如有政,虽不吾以,吾其与闻之。"

译文

冉有下班回来，孔子说："今天怎么这么晚呢？"冉有回答说："有政务。"孔子说："那只是事务吧。如果是政务，虽然现在朝廷用不着我，我也会知道情况的。"

解读

退朝：冉有从季氏的朝廷回来。古代大夫也有朝，清晨与其家臣共议事务，然后大夫再赴诸侯之朝。

有政：政务是指攸关国家大计的工作计划。事务则是执行上级所交付的任务。当时季氏执政，在家朝与家臣所谈论的未必不是政务，而孔子的"正名"含有批判之意，则不难听出。

原文

定公问："一言而可以兴邦，有诸？"

孔子对曰："言不可以若是其几也。人之言曰：'为君难，为臣不易。'如知为君之难也，不几乎一言而兴邦乎？"

曰："一言而丧邦，有诸？"孔子对曰："言不可以若是，其几也。人之言曰：'予无乐乎为君，唯其言而莫予违也。'如其善而莫之违也，不亦善乎？如不善而莫之违也，不几乎一言而丧邦乎？"

译文

定公询问："一句话就能使国家兴盛，有这样的事吗？"

孔子回答说："话不可以说得这样武断，近似的程度是有。有一句话是：'做君主的很难，做臣属的也不容易。'如果知道做君主很难，不是近于一句话就可以使国家兴盛吗？"

定公又问："一句话就可以使国家衰亡，有这样的事吗？"孔子回答："话不可以这样武断，近似的程度是有。有一句话是：'我做君主没有什么快乐，除了我的话没有人违背之外。'如果说的话是对的而没有人违抗，不也很好吗？如果说的话是不对的而没有人违抗，不是近于一句话就可以使国家衰亡吗？"

解读

几：近似、接近、近于之意。国家兴亡的原因十分复杂，即使专就君主的责任而言，也只能说"近似"而已。

原文

叶公问政。子曰："近者说，远者来。"

译文

叶公问政治的做法，孔子说："使境内的人高兴，使境外的人来归。"

解读

叶公：楚国大夫。当时楚国不断扩张势力而内乱已萌，所以孔子对症下药。

原文

子夏为莒父宰，问政。子曰："无欲速，无见小利。欲速则不达，见小利则大事不成。"

译文

子夏担任莒父的县长,请教孔子政事。孔子说:"不要想要很快生效,也不要看小的利益。想要很快收效,反而达不到目的;只看小的利益,反而办不成大事。"

解读

莒父:位于鲁国西部。孔子的指教是稳扎稳打,要有远见宏图。

原文

叶公语孔子曰:"吾党有直躬者,其父攘羊,而子证之。"孔子曰:"吾党之直者异于是:父为子隐,子为父隐,直在其中矣。"

译文

叶公告诉孔子:"我们乡里有个正直的人,他的父亲偷了羊,他亲自去检举。"孔子说:"我们乡里正直的人做法不一样:父亲替儿子隐瞒,儿子替父亲隐瞒。这里面自然就有正直了。"

解读

隐:依于人的亲情,不忍检举,但不表示他们不能互相规劝。

直:直在其中。隐不是直的定义,而"为何隐"才是重点,也是顺乎天性与人情为直。直有"真诚"与"直爽"之意。

原文

樊迟问"仁"。子曰:"居处恭,执事敬,与人忠。虽之夷狄,不可弃也。"

译文

樊迟请教"仁",孔子说:"平时态度庄重,工作认真负责,与人交往真诚。即使到了偏远的少数民族地区,也不能抛弃。"

解读

仁:仁德。从孔子的回答来看,这是他提供给樊迟参考的,可见因材施教的灵活性。

原文

子贡问曰:"何如斯可谓之士矣?"子曰:"行己有耻,使于四方,不辱君命;可谓士矣。"

曰:"敢问其次。"曰:"宗族称孝焉,乡党称弟焉。"

曰"敢问其次?"曰:"言必信,行必果;硁硁然小人哉!抑亦可以为次矣。"

曰:"今之从政者何如?"子曰:"噫!斗筲之人,何足算也!"

译文

子贡问:"要具备怎么样的条件才可以称为士?"孔子说:"本身操守廉洁而知耻,出使外国不负君主所托,就可以称为士了。"

子贡说:"想请教次一等的表现。"孔子说:"宗族的人称赞他孝敬父母,乡里的人称赞他尊敬长辈。"

子贡说:"想请教再次一等的表现。"孔子说:"说话一定要守信,行动一定要坚决,这种一板一眼小人物,也可以算是再次一等的士了。"

子贡再问:"当前的执政人物怎么样?"孔子说:"噫!这些人的气量见识像是厨房里的小餐具,算得了什么?"

解读

士:古代有士的阶级,在大夫之后。本书谈到"使于四方",所以直译为士"士",不再泛指读书人。

行己:这句话表示德行与才干必须兼备。其次一等的"孝弟"则侧重德行。

小人:小人物,小在两个"必"字,看似一板一眼,其实可能忽略了"义"。因为这也是士的一等,所以不译为小人。可叹的是当时的从政者连小人物都算不上。

原文

子曰:"不得中行而与之,必也狂狷乎!狂者进取,狷者有所不为也。"

译文

孔子说:"找不到行为中庸的人来交往,就一定要找到志向高远或洁身自好的人。志向高远的人奋发上进,洁身自好的人不做坏事。"

解读

中行:行为中庸的人,文质彬彬,进退有节,有所为也有所不为。狂与狷或许与性格有关,中行则非高度修养不可。

原文

子曰:"南人有言曰:'人而无恒,不可以作巫医。'善夫!'不恒其德,或承之羞。'"子曰:"不占而已矣。"

译文

孔子说:"南方人有一句话:'一个人没有恒心的话,连巫医也不能做好。'这句话说得好!《易经·恒卦》的爻辞说:'缺乏恒心德操,常常会招来羞辱。'孔子说:"不必去占卜了。"

解读

巫医:古代医生之称。

不占:占卜也使不上劲,看来羞辱是难以避免了。

原文

子曰:"君子和而不同,小人同而不和。"

译文

孔子说:"君子和谐共处,不盲目附和;小人盲目附和,而不和谐共处。"

解读

和:如调味与调音,差异中有原则,可以互相协调。

原文

子贡问曰:"乡人皆好之,何如?"子曰:"未可也。""乡人皆恶之,何如?"子曰:"未可也。不如乡人之善者好之,其不善者恶之。"

译文

子贡问说:"全乡党的人都喜欢他,这样的人怎么样?"孔子说:"并不可取。"子贡再问:"全乡党的人都讨厌他,这样的人怎么样?"孔子说:"也不可取。比较可取的是全乡的好人都喜欢他,坏人都讨厌他。"

解读

善者:泛称好人,在古代人口较少流动时,也许一乡之人可以大略分为善者与不善者。

本句重点是不必想要讨好每一个人,但应坚持行善。

原文

子曰:"君子易事而难说也。说之不以道,不说也;及其使人也,器之。小人难事而易说也。说之虽不以道,说也;及其使人也,求备焉。"

译文

孔子说:"君子容易与他工作而很难讨好。不依正当途径去讨好,他不会高兴;但是等到用人时,他会按照才干去任命。小人很难与工作而容易讨好。不依正当途径去讨好,他也会高兴;等到用人时,他会百般要求,百般挑剔。"

解读

事：工作。君子与小人是指德行修养而言，因为两者显然皆在上位，犹如今日所谓的老板或长官。我们当然也可以由行事作风去判断君子与小人。

原文

子曰："君子泰而不骄，小人骄而不泰。"

译文

孔子说："君子舒泰而不骄傲，小人骄傲而不舒泰。"

解读

泰：舒泰安详而自在，因为所求在己，不必向人示威。小人无法舒泰，因为一失落就难过，所以总想向人矜夸。

原文

子曰："刚、毅、木、讷，近仁。"

译文

孔子说："刚强、果决、朴实与言语不易，这样就接近仁德了。"

解读

讱：口拙，说话谨慎而不流利的样子。

近仁：接近仁德。意思是：这四者都是简明的原则，还须依各人的性格与环境而做调整及应用。

原文

子路问："何如斯可谓之士矣？"子曰："切切偲偲，怡怡如也，可谓士矣。朋友切切偲偲，兄弟怡怡。"

译文

子路问说："要怎样才能称为读书人呢？"孔子说："互相切磋勉励，彼此和睦共处，就可以称为读书人子。朋友之间，互相切磋勉励；兄弟之间，彼此和睦共处。"

解读

士：指读书人，在此与从政无关。

朋友：对朋友与对兄弟态度不同，情感有别。

原文

子曰："善人教民七年，亦可以即戎矣"

译文

孔子说:"行善的人教导百姓七年之久,应该也可以让他们拿起武器作战了。"

解读

善人:善行可以感化百姓,使他们愿意保家卫国。需要七年,则表示相当长时间。如果与子路自认为三年就可以使百姓"有勇"相比,可知善行之外还须配合行政能力。

原文

子曰:"以不教民战,是谓弃之。"

译文

孔子说:"让没有受过训练的百姓去作战,就等于是遗弃他们。"

解读

教:配合上一句来看,可知孔子的教民作战包括忠信礼义与作战技术。若是不教,则必败亡,岂不等于白白牺牲百姓?

原文

宪问耻。子曰:"邦有道,谷;邦无道,谷,耻也。"

"克、伐、怨、欲不行焉,可以为仁矣?"子曰:"可以为难矣,仁则吾不知也。"

译文

原宪问什么是耻辱,孔子说:"国家清明,才可做官领俸禄;国家黑暗而做官领俸禄,就是耻辱。"

原宪又问:"好胜、自夸、怨恨、贪婪,这四种毛病都能免除,可以算是仁人吗?"孔子说:"可以说是困难的事,至于是否仁人,我还不能确定。"

解读

仁:不能只列出原则,还须依个人性格与处境去择善,并且不到完美境界,不能做确定的评估。这是孔子一向主张的仁观。

原文

子曰:"士而怀居,不足以为士矣。"

译文

孔子说:"读书人留恋安逸的生活,就没有资格做个读书人了。"

解读

士:读书人须有志向,安逸的生活不是不好,而是不宜留恋。

原文

子曰:"邦有道,危言危行;邦无道,危行言孙。"

译文

孔子说:"国家清明,应该说话正直,行为正直;国家黑暗,应该行为正直,说话委婉。"

解读

危:正直。正直的言行在社会上自然显得严肃而高峻。本句所指的差异在于说话,至于行为则须一贯。

须曹伯子循

原文

子曰:"有德者必有言,有言者不必有德。仁者必有勇,勇者不必有仁。"

译文

孔子说:"有德行的人一定能说出有价值的话,说出有价值话的人不一定有德行。仁人一定有勇气,勇敢的人不一定能有仁。"

解读

必:是涵盖之意,有言是从有德中体验而来,勇是从仁中实践而来。反之,则不一定了。

原文

南宫适问于孔子曰:"羿善射,奡荡舟,俱不得其死然。禹稷躬稼而有天下。"夫子不答。

南宫适出。子曰:"君子哉若人!尚德哉若人!"

译文

南宫适向孔子问说:"羿擅长射箭,奡精于水上作战,最后都未能寿终正寝。禹与稷亲自下田耕种,最后却得到天下。"孔子听了没有回答。

南宫适退出房间之后,孔子说:"这个人真是个君子,这个人真崇尚德行。"

解读

南宫适:南容。他的问题是尚德不尚力的佐证,所以得到孔子的赞许。

羿:夏代有穷国之君,以善射闻名。

奡:夏代寒浞之子,又名浇。荡舟是描写水上作战的状况。

原文

子曰:"君子而不仁者有矣夫,未有小人而仁者也。"

译文

孔子说:"君子中有不仁的人是有的,小人中会有仁人是从来没有的。"

解读

仁:人生的具体表现是择善。君子立志走在正道上却未必可以到底;小人无志,根本不考虑择善。

原文

子曰:"爱之,能勿劳乎?忠焉,能勿诲乎?"

译文

孔子说:"爱护一个人,能不让他劳苦吗?真诚对待他,能不给他教诲吗?"

解读

劳:劳苦之后,才能成长。否则流于溺爱,反而害了他。能有这种远见与魄力的人并不多见。

原文

子曰:"为命,裨谌草创之,世叔讨论之,行人子羽修饰之,东里子产润色之。"

译文

孔子说:"郑国要发布外交文件时,先由裨谌拟定文稿,再经世叔推敲斟酌,又由外交官子羽修改调整,最后东里的子产再做润色完稿的工作。"

解读

为命:命指外交文件。由郑国四位大夫依其专长分工合作才告完成,可见其谨慎与求全的态度。国家大事理当如此。此事应在郑简公时。

裨谌:,足智多谋,力荐子产为相。

世叔:游吉,继子产执政。

子羽:公孙挥,"行人"为古代外交官。

原文

或问子产。子曰:"惠人也。"

问子西。曰:"彼哉!彼哉!"

问管仲。曰:"人也。夺伯氏骈邑三百,饭疏食,没齿无怨言。"

译文

有人问如何评价子产,孔子说:"他是照顾百姓的人。"

又问如何评价子西。孔子说:"他就是那样!"

又问如何评价管仲。孔子说:"他是人才。他剥夺伯氏的三百户骈邑,让伯氏只能吃粗粮,却终身没有抱怨他的话。"

解读

子西:郑国的公孙夏,为子产的同宗兄弟,先子产而执政。

彼哉:表示无足称述的意思。

人:孔子称许管仲为人才,理由是他造福百姓因而在善的实践上得到过人的成就。"善"是人与人之间适当关系之实现,所以人在政治或社会上有恩或有功于民,就是行善,也就达到了人性向善的根本要求。这一观点在稍后谈到管仲时还会提及。

伯氏:齐国大夫,可能因为本身获罪,加以管仲功大,所以无怨言。

原文

子曰:"贫而无怨难,富而无骄易。"

译文

孔子说:"贫穷却不抱怨,很难做到;富裕却不骄傲,则比较容易。"

解读

易：虽说容易，也需要修养，否则财大气粗随处可见。

原文

子曰："孟公绰为赵魏老则优，不可以为滕薛大夫。"

译文

孔子说："孟公绰担任晋国赵卿与魏卿的家臣，可以游刃有余，但是没有办法担任滕与薛这样小国的大夫。"

解读

孟公绰：鲁国大夫，据说为人寡欲安详。此指因人而异，各有优劣。

赵魏：晋国有六卿，赵氏、魏氏、为其中的有权者。大国的家臣有时比小国的大夫更容易做。

滕薛：鲁国附近的小国。

原文

子路问成人。子曰："若臧武仲之知，公绰之不欲，卞庄子之勇，冉求之艺，文之以礼乐，亦可以为成人矣。"曰："今之成人者何必然？见利思义，见危授命，久要不忘平生之言，亦可以为成人矣。"

译文

子路问全人,孔子说:"明智像臧武仲,淡泊无欲像公绰,勇敢像卞庄子,多才多艺像冉求,再用礼乐来加以文饰,也可以算是理想的人了。"稍后又说:"现在所谓理想的人何必一定要这样呢?看到利益就想该不该得,遇到危险愿意牺牲生命,长期处于穷困也不忘记平日期许自己的话,也可以算是全人了。"

解读

成人:今是指成年人,成熟的人。古指完美的人,成全的人等。

臧武仲:鲁国大夫臧孙纥。

卞庄子:鲁国卞邑大夫。孔子列举鲁国的知名人士,各举其长来组成"知、不欲、勇、艺"四项条件,再加上礼乐教化,才可称为"成人"。各有一偏则不够理想,由此可见其难度。

原文

子问公叔文子于公明贾曰:"信乎,夫子不言,不笑,不取乎?"

公明贾对曰:"以告者过也。夫子时然后言,人不厌其言;乐然后笑,人不厌其笑;义然后取,人不厌其取。"

子曰:"其然?岂其然乎?"

译文

孔子向公明贾问到公叔文子,他说:"公叔先生平常不说话,不笑,也不拿取,这是真的吗?"

公明贾回答说:"这是传话的人说得太夸张了。公叔先生在适当的时候才说话,别人不讨厌他说话;真正高兴了才笑,别人不讨厌他笑;应该拿取他才拿取,别人不讨厌他拿取。"

孔子说:"你说是这样吗?难道真像是这样吗?"

解读

公叔文子:公孙拔,卫国大夫。

公明贾:卫国人。

其然:公明贾的回答比传闻所说的更夸张,所以在肯定他善于回答时,也须持保留态度。这是对人的评价之一。

原文

子曰:"臧武仲以防求为后于鲁,虽曰不要君,吾不信也。"

译文

孔子说:"臧武仲据有防城时,请求为他的子弟在鲁国做卿大夫。即使说没有要挟鲁君,我不相信。"

解读

防:原是臧武仲受封之邑。本句所述的是他逃到齐国前的事。

为后:册立后代,为了祭祀先人,保持家业。

原文

子曰:"晋文公谲而不正,齐桓公正而不谲。"

译文

孔子说:"晋文公狡诈而不正派,齐桓公正直而不狡诈。"

解读

晋文公：名重耳，为春秋五霸（齐桓公、宋襄公、晋文公、秦穆公、楚庄公）之一。他以权诈出名，固然是时势所迫，但也影响风气。

齐桓公：名小白，为五霸之首，犹能循法而行。"正"在此指法或公开的规范而言。当时对齐桓公优于晋文公的评价已经很流行了，孔子特别提出他所考虑的观点。

原文

子路曰："桓公杀公子纠，召忽死之，管仲不死。"曰："未仁乎？"

子曰："桓公九合诸侯，不以兵车，管仲之力也。如其仁，如其仁。"

译文

子路说："齐桓公杀了公子纠，召忽为此而自杀，管仲却仍然活着。"接着又说："这样不能说是合乎仁的要求吧？"

孔子说："齐桓公多次主持诸侯会盟，使天下没有战事，都是管仲努力的促成。这就是他的仁德！这就是他的仁德。"

解读

公子纠：齐襄公无道，其弟公子纠与小白分别逃往鲁国与莒国。召忽与管仲追随公子纠，鲍叔牙追随小白。襄公死后，小白先入齐国，成为齐桓公。这是本段背景。

九合：古代以九表示多数，其实会盟有十一次。

如其仁：这就是他的仁德。管仲免去战祸，省了征伐杀戮，以一人之力造福百姓。他与众人之间的关系得以满全，无异于行大善，所以称许他仁。若不从"善是人与人之间的关系"去理解，并且接受"人性向善"的前提，则无法明白孔子的意思。

原文

子贡曰:"管仲非仁者与?桓公杀公子纠,不能死,又相之。"子曰:"管仲相桓公,霸诸侯,一匡天下,民到于今受其赐。微管仲,吾其被发左衽矣,岂若匹夫匹妇之为谅也,自经于沟渎而莫相之知也。"

译文

子贡说:"管仲不算仁的人吧?桓公杀了公子纠,他不但没有以身殉难,还去辅佐桓公。"孔子说:"管仲辅佐桓公,称霸诸侯,一举而使天下得到匡正,百姓到今天还在承蒙恩惠。如果没有管仲,我们可能已经沦为夷狄,披头散发,穿着左边开口的衣襟了。他难道应像守小信的平凡人一样,在山沟中自杀,死了还没人知道吗?"

解读

匹夫匹妇:平凡的百姓,世间一般男女。谅是小信,见小不见大,不知珍惜生命的更高价值。孔子当然不是鼓励苟且偷生,而是主张应该分辨"为什么而死",是为了国家还是为自己拥护的领袖呢?国家与百姓显然更为重要。若是未死,则当努力保国为民,以证明自己的改志。

莫之知:并非只是为出名而出名。

原文

公叔文子之臣大夫僎与文子同升诸公。子闻之曰:"可以为'文'矣。"

译文

公叔文子的家臣大夫僎,由于文子的推荐,和文同升为朝廷大臣,孔子听到了这件事,说:"这就可以谥为'文'了。"

解读

文：《周书·谥法》的"文"有六个等级："经纬天地，道德博厚，学勤好问，慈惠爱民，愍民惠礼，锡民爵位。"公叔文子所做到的是"锡民爵位"。

原文

子言卫灵公之无道也，康子曰："夫如是，奚而不丧？"孔子曰："仲叔圉治宾客，祝鮀治宗庙，王孙贾治军旅。夫如是，奚其丧？"

译文

孔子谈到卫灵公的种种昏庸，季康子说："既然如此，为什么他还不亡？"孔子说："他有仲叔圉负责外交，祝鮀掌管祭祀，王孙贾统率军队，能够如此，怎么会败亡？"

解读

仲叔圉：孔文子。这三人各有所长，而卫灵公用人得宜，所以可保安定。无道与败亡之间，还有缓冲余地，因为政治也要靠人才。

原文

子曰："其言之不怍，则为之也难。"

译文

孔子说："轻易开口而不觉得惭愧的，做起事来一定不容易。"

解读

怍：惭愧。这句在劝人慎言，而不是要人大言不惭。

原文

陈成子弑简公，孔子沐浴而朝，告于哀公曰："陈恒弑其君，请讨之！"公曰："告夫三子。"

孔子曰："以吾从大夫之后，不敢不告也。君曰：'告夫三子者'"。之三子告，不可。孔子曰："以吾从大夫之后，不敢不告也。"

译文

陈成子杀了齐简公，孔子斋戒沐浴之后，上朝向鲁哀公报告："陈恒杀了他的君主，请您出兵讨伐。"哀公说："你去向三卿报告吧！"

孔子退了下来，说："因为我曾担任大夫，不敢不来报告啊。君主却对我说'去向三卿报告吧！'"孔子去向三卿报告，但是他的建议没有得到采纳。孔子说："因为我曾担任大夫，不敢不来报告啊。"

解读

陈成子：陈恒，齐国大夫。弑君之事发生在鲁哀公十四年（前481），孔子七十一岁。

齐简公：齐君，名壬。

三子：三卿，就是季孙、叔孙、仲孙。春秋时代，尚为周朝天下，一国有篡逆之事，各国可以出兵讨伐。所以孔子并非多管闲事。

原文

子路问事君。子曰："勿欺也，而犯之。"

译文

子路问如何服侍君主,孔子说:"不要欺骗他,还要直言进谏。"

解读

勿:是指消极上不要怎么做,接着再说的就是积极上要怎么做。这种先退后进的说法兼顾两方面,表现了高度的思辨水准。

原文

子曰:"君子上达,小人下达。"

译文

孔子说:"君子上进,通达仁义;小人放纵,追求利益。"

解读

上:指人生应有目标与理想。

下:财利。义利分别是君子与小人区别,所以加在译文中。

原文

子曰:"古之学者为己,今之学者为人。"

译文

孔子说:"古代学者的目的在修养自己,现在的学者一心想要向别人炫耀。"

解读

古：孔子的时代，在今天都算古代了。当时的学者已经有"为人"的缺点，更何况现代？为己与为人，若能分辨本末，未必不可以兼顾。

原文

蘧伯玉使人于孔子，孔子与之坐而问焉，曰："夫子何为？"对曰："夫子欲寡其过而未能也。"

使者出，子曰："使乎！使乎！"

译文

蘧伯玉派人向孔子问候，孔子请他坐下谈话，说："蘧先生近来做些什么？"他回答说："蘧先生想要减少过错却还没有办法做到。"

这位使者离开后，孔子说："好一位使者，好一位使者！"

解读

蘧伯玉：名瑗，卫国大夫，为孔子好友。孔子居卫时，曾住过他家。他的态度是"不求有功，但求无过"，处于世衰道微的情况下，守身而已。

原文

子曰："不在其位，不谋其政。"曾子曰："君子思不出其位。"

译文

孔子说："不是担任某一职位，就不去设想那个职位的事。"曾子说："君子的思虑以他自己的职务为范围。"

解读

位：职务与责任。推而至于人生的各种情况，皆应专心以对。

原文

子曰："君子耻其言而过其行。"

译文

孔子说："君子认为自己说得多而做得少是一件可耻的事。"

解读

耻：谨言慎行，即可免于这种耻辱。

原文

子曰："君子道者三，我无能焉，仁者不忧，知者不惑，勇者不惧。"子贡曰："夫子自道也。"

译文

孔子说："君子所向往的三种境界，我还没有办法达：仁的人不忧虑，明智的人不迷惑，勇敢的人不惧怕。"子贡说："这是老师对自己的描述啊。"

> 解读

道：路也。引申为某种途径，可译为风格或境界。

> 原文

子贡方人。子曰："赐也贤乎哉？夫我则不暇。"

> 译文

子贡评论别人的优劣，孔子说："赐已经很杰出了吗？要是我就没有这空闲。"

> 解读

贤：杰出。孔子对子贡鼓励多于责怪，并且以身作则。

> 原文

子曰："不逆诈，不亿不信，抑亦先觉者，是贤乎！"

> 译文

孔子说："不先怀疑别人会欺骗，也不猜测别人会失信，但是又能及早发觉这些状况，这样的人真是杰出啊！"

> 解读

觉：心中如明镜，可以照见别人的意图，但是又不妄加猜想，总是给人机会及改正。知人之明，于此可见。

原文

微生亩谓孔子曰:"丘,何为是栖栖者与?无乃为佞乎?"孔子曰:"非敢为佞也,疾固也。"

译文

微生亩对孔子说:"你这样奔走忙碌是为了什么?该不是为了显示口才吧?"孔子说:"我不敢显示口才,只是厌恶顽固的人。"

解读

微生亩:姓微生,名亩。他直呼孔子的名字,可能年纪较大。

栖栖:或曰济济,修饰威仪,推广礼乐教化的意思。也有解为"奔走忙碌",但是这与"佞"及"疾固"的关系比较间接。

原文

子曰:"骥不称其力,称其德也。"

译文

孔子说:"千里马称为骥,不是赞美它的力气,而是赞美它的品格。"

解读

德:在人为德行、操守或作风,在马则是天生的优雅姿态或风格,譬如善用力气,奔驰千里,即是马的风格。

徐侯子有

原文

或曰:"以德报怨,何如?"子曰:"何以报德?以直报怨,以德报德。"

译文

有人说:"以恩惠来报答怨恨,这样如何?"孔子说:"那么要以什么来酬报惠呢?应该以正直来回报怨恨,以恩惠来回报恩惠。"

解读

以德报怨:见《老子》第六十三章:"大小多少,报怨以德。"大意是别人对我不好,我也要对他好。不过久而久之,可能没有人愿意对我好了。孔子当然反对"以怨报怨",而是主张"以直报怨"。在人生哲学上,这是孔子与老子的分别之一。

原文

子曰:"莫我知也夫!"子贡曰:"何为其莫知子也?"子曰:"不怨天,不尤人,下学而上达。知我者其天乎!"

译文

孔子说:"没有人了解我啊!"子贡说:"为什么没有人了解老师呢?"孔子说:"不怨恨天,不责怪人,广泛学习世间的知识,进而领悟深奥的道理。了解我的,大概只有天吧?"

解读

天:人的命运与使命皆可以推源于天,所以对天才有"怨与不怨"的可能性。孔子心目中的天,无疑是可以"了解"他的。

下学:下学使人接近不惑,上达助人得知天命。

原文

公伯寮愬子路于季孙。子服景伯以告,曰:"夫子固有惑志于公伯寮,吾力犹能肆诸市朝。"

子曰:"道之将行也与,命也;道之将废也与,命也。公伯寮其如命何!"

译文

公伯寮在季孙前面毁谤子路,子服景告诉孔子这件事,说:"季卿的想法已经被公伯寮所迷惑了,不过现在我还有能力对付他,让他的尸首在街头示众。"

孔子说:"政治主张果真实现的话,那是命运在决定;政治主张最后幻灭的话,那么也是命运在决定。公伯寮怎么能左右命运呢?"

解读

公伯寮:姓公伯,名寮,鲁国人。

子服景伯:子服何,鲁国大夫,为孟生家族的人。所以自认为有些势力。

道:引申为政治主张。

命:命运,由各种条件所组成的形势,常常使人无可奈何。

原文

子曰:"贤者辟世,其次辟地,其次辟色,其次辟言。"

子曰:"作者七人矣。"

译文

孔子说:"杰出的人才避开污浊的社会,次一等的避开地方告别,再次的避开丑陋的嘴脸,又次的避开无礼的言语。"

孔子说:"这样做的人已经有七位了。"

解读

辟世:天下污浊,要避开隐居起来;社会混乱,则迁居他处。然后依此推知辟色与辟言。这四种做法,决定于时代与环境,也决定于个人的容忍程度。

七人:为伯夷、叔齐、夷逸、虞仲、朱张、柳下惠、少连。

原文

子路宿于石门,晨门曰:"奚自?"子路曰:"自孔氏。"曰:"是知其不可而为之者与?"

译文

子路在石门过了一夜,第二天清早入城,守门的说:"从那里来的?"子路说:"从孔家来的。"守门者说:"就是那位明知行不通还一定要去做的人吗?"

解读

石门:鲁城的外门,晨门是守门者。他对孔子的评语,充分显示了孔子的志节。

孔氏:孔子是鲁城中人,识者已多,就不详说其名。

原文

子击磬于卫,有荷蒉而过孔氏之门者,曰:"有心哉,击磬乎!"既而曰:"鄙哉,硁硁乎!莫己知也,斯己而已矣。深则厉,浅则揭。"

子曰:"果哉!末之难矣。"

译文

孔子留居卫国时,某日正在击磬,有一个挑着草筐的人从门前经过,说:"磬声,含有深意啊!"停了一下,又说:"声音硁硁的,太鄙俗了!没有人了解自己,就放弃算了。'水深的话,穿着衣裳走过去;水浅的话,撩起衣裳走过去。'"

孔子说:"有这种坚决之心,就没有办法说服了。"

解读

荷蒉者:听磬声就知道是有心人在敲,可见智商不低,只可惜他与孔子"道不同,不相为谋"。

深则厉:这两句见《诗经·邶风·匏有苦叶》。

原文

子张曰:"《书》云,'高宗谅阴,三年不言。'何谓也?"子曰:"何必高宗,古之人皆然。君薨,百官总己以听于冢宰三年。"

译文

子张说:"《书经》说:'殷高宗守孝时,住在守丧的屋子,三年不说话。'这是什么意思呢?"孔子说:"不只是殷高宗,古人都是这样。国君死了,新君三年不问政治,所有的官员都听命于宰相。"

解读

高宗:殷高宗,武丁。
谅阴:守丧时所住的房子,又称凶庐。

原文

子曰:"上好礼,则民易使也。"

译文

孔子说:"上位的人爱好礼法,百姓就容易接受指挥。"

解读

礼:礼仪与规范,是以保障社会的秩序。社会稳定,百姓也乐于听命。

原文

子路问君子,子曰:"修己以敬。"

曰:"如斯而已乎?"曰:"修己以安人。"

曰:"如斯而已乎?"曰:"修己以安百姓。修己以安百姓,尧、舜其犹病诸?"

译文

子路问怎样才是君子,孔子说:"修养自己,谨慎恭敬。"

子路再问:"这样就够了吗?"孔子说:"修养自己,使四周的人安乐。"

子路又问:"这样就够了吗?"孔子说:"修养自己,使所有的百姓安乐。修养自己,使所有的百姓安乐,尧舜也会觉得这是很难做到的事啊!"

解读

君子:理想人格的代称。最高目标是"修己以安百姓",可见个人与群体的关系果然是孔子的思想重点。

原文

原壤夷俟,子曰:"幼而不孙弟,长而无述焉,老而不死,是为贼。"以杖叩其胫。

译文

原壤伸开两腿坐在地上,等候孔子来。孔子说:"你年少时不懂得礼节,长大了没有什么贡献,现在这么老了还不死,真是个害人的人。"说完,用拐杖敲他的小腿。

解读

原壤：孔子的旧友，性格与作风都与孔子不相同。

贼：害人的人。指其行为将伤害别人。

原文

阙党童子将命，或问之曰："益者与？"子曰："吾见其居于位也，见其与先生并行也。非求益者也，欲速成者也。"

译文

阙党的一个少年来传达信息，有人谈到他，就问孔子说："他是肯求上进的人吗？"孔子说："我看他坐在大人的位子上，又见他与长辈并肩而行。这不是一个想求上进的人，而是一个想走捷径的人。"

解读

阙党：鲁国孔子所居的地方，即今曲阜阙里。童子是未满十五岁的人，应该虚心受教，努力上进。

原文

卫灵公问陈于孔子,孔子对曰:"俎豆之事,则尝闻之矣;军旅之事,未之学也。"明日遂行。

译文

卫灵公向孔子问有关作战布阵的方法,孔子回答说:"礼仪方面的事,我是曾经听说过的;军队方面的事,从没学习过。"第二天他就离开了卫国。

解读

陈:布阵的阵。

俎豆:古代祭祀时,用以盛肉的器皿,在此指礼仪之事。此事发生在鲁哀公元年(前494),孔子五十八岁时。

原文

在陈绝粮,从者病莫能兴。子路愠见曰:"君子亦有穷乎?"子曰:"君子固穷,小人穷斯滥矣。"

译文

孔子在陈国没有粮食充饥,跟随他的人都病倒了,没有办法起来。子路带着怒气来见孔子,说:"君子也有走投无路的时候吗?"孔子说:"君子走投无路时,仍然坚持原则;换了小人,就胡作非为了。"

解读

孔子周游列国时，曾在陈国居住三年。后来准备迁往蔡国时，被困在陈蔡之间，就是所谓"陈蔡之厄"。此事发生于鲁哀公六年（前489），孔子六十三岁时。

小人：在此并不是教训子路，而是说明一般的道理。

原文

子曰："赐也，女以予为多学而识之者与？"对曰："然，非与？"曰："非也，予一以贯之。"

译文

孔子说："赐，你认为我是广泛学习并且记住各种知识的人吗？"子贡回答说："是啊，难道不是这样吗？"孔子说："不是的，我用一个中心思想来贯穿所有的知识。"

解读

多学而识之：这是子贡对孔子的观察，而孔子认为自己不仅如此而已，还须加上"一以贯之"的原则。

一以贯之：在此是针对"多学而识之"所说的，表示孔子有一个中心思想。这个中心思想是"仁"，即他的一切知识都环绕着"人之性、人之道、人之成"而展开。

原文

子曰："由，知德者鲜矣。"

译文

孔子说:"由,了解德行修养的人很少了!"

解读

德:"在此就德行的意义"而言。人不能离开德行修养,所以孔子会说:"据于德",并且以"德之不修"为自己最关心的事。由此可知,在肯定人性的善之后,还须努力修德。

原文

子曰:"无为而治者其舜也与!夫何为哉?恭己正南面而已矣。"

译文

孔子说:"无所事事而治好天下的人,大概就是舜吧!他做了什么呢?只是端庄恭敬地坐在王位上罢了。"

解读

无为而治:这也是道家老子的思想,但是差别在于孔子所强调的是"恭己正南面",即端坐在面向南方的王位上。有修德与尽职的责任,知人善任,分层负责,而不是真正无所事事。

原文

子曰:"可与言而不与之言,失人;不可与言而与之言,失言。知者不失人,亦不失言。"

译文

孔子说:"可以同他谈话却不去同他谈话,这样就错过了人才;不可以同他谈话却去同他谈话,这样就浪费了言语。明智的既即不错过人才,也不浪费言语。"

解读

知者:言为心声,所以要由知言进而知人,所谓"不知言,无以知人也能知言,才能结交益友,互相启迪;也能分辨损友,洁身自爱。说话是人们沟通思想与情感的主要媒介,智者怎能不用心于此?在孔子的学生中,有"言语"一科,值得我们注意。"

原文

子曰:"志士仁人,无求生以害仁,有杀身以成仁。"

译文

孔子说:"有志者与仁人,不会为了活命而背弃仁行德,却肯牺牲生命来成全仁德。"

解读

志士仁人:类似的用语都有"正在朝某一目标努力"之意,显示人生是动态开展的。

仁:仁德,也是"人之成"。因此表面看来是"杀身",而其实是"成仁",表示仁是人的至高目标。孟子后来说"舍生取义",也是同样的意思,都是肯定人生应以实践道义为主。

原文

子贡问仁,子曰:"工欲善其事,必先利其器。居是邦也,事其大夫之贤者,友其士之仁者。"

译文

子贡问怎样培养"仁"。孔子说:"工人想要做好他的工作,一定要先磨利他的器具。你住在一个国家,要奉养大夫之中贤良卓越的,并且要结交士人之中的"仁"人。"

解读

为仁:这是就方法而言,意思是怎样走上仁道。

仁者:贤者已有卓越的表现,仁者则是朝着仁的目标努力。两者应该都有大家公认的事迹,否则我们如何判断?

原文

颜渊问为邦,子曰:"行夏之时,乘殷之辂,服周之冕,乐则《韶》、《舞》;放郑声,远佞人。郑声淫,佞人殆。"

译文

颜渊问治理国家的办法,孔子说:"依循夏朝的历法,乘坐殷朝的车子,戴着周朝的礼帽,音乐就采用《韶》与《武》。排除郑国的乐曲,远离阿谀的小人。郑国的乐曲是淫靡,阿谀的小人会带来危险。"

解读

夏:夏朝历法以农历正月为一月,合乎四季的自然规律。

殷:殷朝的车子又适用又简朴,是合宜的交通工具。

《韶》、《舞》:《韶》是舜时的音乐。《舞》与《武》通用,是周武王时的音乐。

郑声:指郑国的乐曲,与《诗经》中的郑诗无关。

原文

子曰:"人无远虑,必有近忧。"

译文

孔子说:"一个人不作长远的考虑,一定就有眼前的烦恼。"

解读

远:远与近指时间而言,但是未必指同一件事。譬如政治领袖没有长远的规划,社会问题就会层出不穷,使他烦恼不已。

原文

子曰:"已矣乎!吾未见好德如好色者也。"

译文

孔子说:"算了吧!我没见过爱好德行像爱好美色的人。"

解读

本章已有解读。

原文

子曰:"臧文仲其窃位者与!知柳下惠之贤而不与立也。"

译文

孔子说:"臧文仲是个做官不负责任的人吧!他明知柳下惠有卓越的能力,却不给他适当的官位。"

解读

臧文仲:鲁国大夫臧孙辰,历官鲁国庄公、闵公、僖公、文公四朝。

柳下惠:鲁国贤者展获,字禽,又名展季。"柳下"是描写所居之处,"惠"是死后由妻子给他的私谥。

原文

子曰:"躬自厚而薄责于人,则远怨矣。"

译文

孔子说:"责备自己多而责备别人少,就可以远离怨恨了。"

解读

躬自厚:躬自是指对自己而言,厚是"厚责"的省略。

原文

子曰:"不曰'如之何、如之何'者,吾末如之何也已矣。"

译文

孔子说:"不说'怎么办,怎么办'来提醒自己的人,我对他也不知道怎么办才好。"

解读

如之何：谨慎思考，以求言行合宜。

原文

子曰："群居终日，言不及义，好行小慧，难矣哉！"

译文

孔子说："一群人整天相处在一起，说的是无关道义的话，又喜欢卖弄小聪明，实在很难走上正道！"

解读

义：道义，就是人生的"应该"，如原则与理想。
难：表面看来，这样的生活很容易，而其实却难以走上正道。

原文

子曰："君子义以为质，礼以行之，孙以出之，信以成之。君子哉！"

译文

孔子说："君子以道义为内心坚持原则，然后依合礼的方式去实践，用谦逊的言辞说出来，再以诚信的态度去完成。这样做真是个君子啊！"

解读

义：君子所坚持的原则是义。至于义的内容，则须依个别情况而定，所以要接着谈到礼、逊、信等方法。

朱丘伯子声

原文

子曰:"人能弘道,非道弘人。"

译文

孔子说:"人能弘扬真理,不是真理弘扬人。"

解读

弘:有弘扬、扩大之意。主动力量在于人,而不在于道。

道:指人生理想。再伟大的道也无法使一个人完美,除非这个人主动去努力。因此,了解"道"的人,还须以行动配合;不了解"道"的人,则由于人性向善,也有可能本着良知走上正途。

原文

子曰:"过而不改,是谓过矣。"

译文

孔子说:"自己犯下了过错而坚持不改的人,才叫犯下了重大过错了。"

解读

过:人难免有错误,只要改正,就会日进于善。

平陆伯子敛

原文

子曰:"君子不可小知,而可大受也;小人不可大受,而可小知也。"

译文

孔子说:"君子不可以用小事考验他,却可以担当大任;小人不可以担当大任,却可以用小事考验他。"

解读

小人:小人未必没有才干,只是缺少道德与远见,所以不可"大受"。

巨野伯子祺

原文

子曰："君子义为无质,礼以行之,孙以出之,信以成之。君子哉。"

译文

孔子说："君子以道义为原则,按照礼仪规范来实行,言语谦逊方说出,凭借诚信获得完成。这才是君子啊!"

解读

义:君子所坚持的原则是义。至于义的具体内容,则须依个别情况而定,所以要接着谈到礼、逊、信等方法。

原文

子曰:"君子病无能焉,不病人之不己知也。"

子曰:"君子疾没世而名不称焉。"

译文

孔子说:"君子责怪自己没有能力,不责怪别人不了解自己。"

孔子说:"君子引以为憾的是临到死时,没有好名声让人称述。"

解读

名:孔子说过"君子去仁,恶乎成名?"可见君子须以仁成名。名随实来,所以要把握有生之年努力行仁。

原文

子曰:"君子求诸己,小人求诸人。"

译文

孔子说:"君子要求的是自己,小人要求的是别人。"

解读

求:有要求、期待、责成之意。一念之间,已可分出高下。

原文

子曰:"君子矜而不争,群而不党。"

译文

孔子说:"君子自重而不与人争执,合群而不拉帮结派。"

解读

党:因为私利而罔顾公义。自古至今,能做到群而不党的,实在很少。

原文

子曰:"君子不以言举人,不以人废言。"

译文

孔子说:"君子不因为一个人说得好听就提拔他,也不因为一个人操守不好就漠视他的好话。"

解读

言:孔子认为"有名言者不一定有道德,能说会道的人未必有真正的德行与本事。至于素行不佳者,也未必不能说出有价值的话"。

原文

子贡问曰:"有一言而可以终身行之者乎?"子曰:"其恕乎!己所不欲,勿施于人。"

译文

子贡问说:"有没有一个字可以让人终身奉行的呢?"孔子说:"应该是'恕'吧!自己所不想要的一切,就不去加在别人身上。"

解读

一言:一字,有如以一字为座右铭。

恕:如心为恕,设身处地为别人着想,正是维持人际和谐的上策。"己所不欲,勿施于人"是举世皆知的孔子金律。

原文

子曰:"吾之于人也,谁毁谁誉?如有所誉者,其有所试矣。斯民也,三代之所以直道而行也。"

译文

孔子说:"我对于别人,曾经贬抑了谁又称赞了谁?如果是我称赞的,一定经过了检验。同样都是百姓,夏商周三代的人都是以这种方法坦然走在正路上啊。"

解读

直:经过检验之后,才评价,这就是直。直有"真诚"与"直率"之意,是人性自然的要求,所以孔子说:"人之生也直。"

原文

子曰:"吾犹及史之阙文也,有马者借人乘之,今亡矣夫!"

译文

孔子说:"我还能看到史书里存疑的地方,就像有马的人自己不骑借给别人骑一样。现在看不到这种情形了!"

解读

有马者:这一句是比喻,表示撰写史书的人宁可存疑也不妄加猜测,要等待贤者来提供证据。

原文

子曰:"巧言乱德,小不忍则乱大谋。"

译文

孔子说:"动听的语言足以坏道德判断,小事情不能忍耐,就会搅乱大的计划。"

解读

德:德行修养。在此与"言"相对,所以指道德判断。譬如有人可以靠口舌颠倒黑白是非。

原文

子曰:"众恶之,必察焉;众好之,必察焉。"

译文

孔子说:"大家讨厌的人,我们一定要仔细观察才作判断;大家喜欢的人,我们也一定要仔细观察才作判断。"

解读

众:一个团体中的多数人。他们往往只从表面来判断一个人,所以好恶未必客观。

原文

子曰:"吾尝终日不食,终夜不寝,以思;无益,不如学也。"

译文

孔子说:"我曾经整天不吃,整夜不睡,全部时间用于思考,可是没有什么益处,还不如去学习啊。"

解读

思:思与学相辅相成,不可偏取其一。

原文

子曰:"君子谋道不谋食。耕也,馁在其中矣;学也,禄在其中矣。君子忧道不忧贫。"

译文

孔子说:"君子追求的是学道,而不是衣食无缺。认真耕种,常有挨饿;认真学习,常得到了俸禄。君子挂念的是学道而不是贫困生活。"

解读

馁:与禄相对,指不正常情况下的饥饿。意思是努力工作也有挨饿,但是君子念念不忘的还是道。

原文

子曰:"知及之,仁不能守之,虽得之,必失之;知及之,仁能守之、不庄以莅之,则民不敬;知及之,仁能守之,庄以莅之、动之不以礼,未善也。"

译文

孔子说:"以明智获得职位,如果仁德不足以保住它,那么即使得到了,也一定会失去。以明智获得职位,仁德又足以保住它,如果不以庄重的态度来治理,百姓就不会认真谨慎。以明智获得官位,仁德又足以保住他们,再以庄重的态度来治理,如果动员时没有合乎礼仪的要求,还是不够完美。"

解读

之:本节十一个"之"字都是指"职位"。知与仁这两个步骤属于"导之以德",庄与礼则近于"齐之以礼"。合而观之,是提醒政府官员的治国良法。

原文

子曰:"民之于仁也,甚于水火。水火,吾见蹈而死者矣,未见蹈仁而死者也。"

译文

孔子说:"百姓需要仁德,胜过需要水与火。水与火,我见过有人踩在里面牺牲了生命,但是却不曾见过有人为了求仁德而死的。"

解读

仁:人活着的目的,本末不可倒置。孔子感叹人们只知为了谋生,却忽略了谋生的目的,不能做到"杀身成仁"。

原文

子曰:"当仁,不让于师。"

译文

孔子说:"遇到仁德的事,即使对老师,也不必谦让。"

解读

师:师生皆以"仁"为目标,互相勉励,所以学生必须不让于师。

原文

子曰:"君子贞而不谅。"

译文

孔子说:"君子坚持大的信念而不拘泥于小信。"

解读

谅：言而有信，但是未必符合大原则，结果可能因而造成祸害。

原文

子曰："事君，敬其事而后其食。"

译文

孔子说："侍奉君主，认真做好分内工作，然后才想到俸禄。"

解读

君：古代的君主，包括天子、诸侯、卿大夫等，今日则指上司、长官、老板等。"事"是侍奉，意指合宜的相处之道。

原文

子曰："有教无类。"

译文

孔子说："我在教学时一视同仁，不会区分学生的类别。"

解读

类：社会上的各种区分，如阶级、地域、贫富、智愚等。

【原文】

子曰:"道不同,不相为谋。"

【译文】

孔子说:"人生理想不同的话,不必互相商议。"

【解读】

道:人各有志,选择的人生理想因而未必相同。孔子一方面深信自己把握的是正道,另一方面也不否定别人有各行其道的自由。这是宽容与尊重的态度。

【原文】

子曰:"辞达而已矣。"

【译文】

孔子说:"言辞能做到达意就可以了。"

【解读】

达:达意,不必多加文饰。

【原文】

师冕见,及阶,子曰:"阶也。"及席,子曰:"席也。"皆坐,子告之曰:"某在斯,某在斯。"

师冕出。子张问曰:"与师言之道与?"子曰:"然,固相师之道也。"

译文

师冕来见孔子,走到台阶前,孔子说:"这是台阶。"走到坐席旁,孔子说:"这是坐席。"大家坐定之后,孔子告诉他说:"某人在这里,某人在这里。"

师冕告辞走了,子张问说:"这是与盲者说话的方式吗?"孔子说:"对的,这确实是与盲者说话的方式啊!"

解读

师冕:师是乐师,古代一般由盲者担任。冕是乐师的名。孔子对人的态度既真诚又体谅,从容合宜。

原文

季氏将伐颛臾,冉有、季路见于孔子,曰:"季氏将有事于颛臾。"

孔子曰:"求,无乃尔是过与?夫颛臾,昔者先王以为东蒙主,且在邦域之中矣,是社稷之臣也。何以伐为?"

冉有曰:"夫子欲之,吾二臣者皆不欲也。"

孔子曰:"求,周任有言曰:'陈力就列,不能者止。'危而不持,颠而不扶,则将焉用彼相矣?且尔言过矣,虎兕出于柙,龟玉毁于椟中,是谁之过与?"

冉有曰:"今夫颛臾固而近于费,今不取,后世必为子孙忧。"

孔子曰:"求,君子疾夫舍曰欲之而必为之辞。丘也闻,有国有家者,不患寡而患不均,不患贫而患不安。盖均无贫,和无寡,安无倾。夫如是,故远人不服则修文德以来之,既来之,则安之。今由与求也相夫子,远人不服而不能来也,邦分崩离析而不能守也,而谋动干戈于邦内。吾恐季孙之忧不在颛臾,而在萧墙之内也。"

译文

季氏准备攻打颛臾,冉有与子路一起见孔子说:"季氏准备对颛臾用兵了。"

孔子说:"冉求,难道这不该责怪你吗?这个颛臾,上代君主在这里举行东蒙山的祭祀,并且领地在鲁国的境内,是鲁国的附庸藩属,为什么要攻打它呢?"

冉有说:"是季孙想要这么做的,我们两个做臣下的都不赞同。"

孔子说:"求,周任说过一句话:'能够贡献力量,才去就任职位,做不到的人就下台。'看到盲者遇到危险而不去保护,快要摔倒而不去扶持,那么这样的助手又有什么用呢?你的话真是说错了,老虎与犀牛逃出了栅栏,龟壳与美玉在匣子里毁坏了,这是谁的过失呢?"

冉有说:"眼前这个颛臾,城墙牢固并且离季氏的采邑费地很近。现在不占据它,将来一定会给子孙留下后患。"

孔子说:"求,君子就讨厌那种不说自己贪心而一定要找借口的人。我听说过,诸侯与大夫不担心人民贫穷,只担心财富不均;不担心人口太少,只担心社会不安。如果财富平均,便无所谓贫穷;人民和谐相处,就不会觉得人少;社会安定,就不会倾危。能做到这样,远方的人如果还不顺服,就致力于礼乐教化,使他们自动来归。来归之后,就要安顿他们。现在仲由与冉求两人辅助季孙,远方的人不归,却没有办法让他们自动来归;国家分崩离析,却没有办法保全.反而想在国境内发动战争。我恐怕季孙所忧虑的不是在颛臾,而是在鲁君啊。"

解读

季氏:季康子。

颛臾:鲁国的附庸,曾受命负责东蒙山的祭祀。

周任:古代的史官。

费:季氏的采邑。

萧墙之内:指鲁哀公。当时颛臾仍然效忠鲁君,而鲁君与季孙氏的明争暗斗并非秘密。

原文

孔子曰:"天下有道,则礼乐征伐自天子出;天下无道,则礼乐征伐自诸侯出。自诸侯出,盖十世希不失矣;自大夫出,五世希不失矣;陪臣执国命,三世希不失矣。天下有道,则政不在大夫;天下有道,则庶人不议。"

译文

孔子说:"天下政治太平,制礼作乐与出兵征伐都是由天子决定;天下政治混乱,制礼作乐与出兵征伐就由诸侯决定。从由诸侯决定的话,大概传到十代就很少能持续了;由大夫决定的话,传到五代就很少能持续的;从大夫的家臣把持朝政的话,传到三代就很少持续的。天下政治太平,国家政权不会落在大夫手上。天下政治太平,一般百姓不会议论纷纷。"

解读

五世:鲁君失其权,已有宣公、襄公、昭公、定公五代。
四世:从季氏掌权,已有文子、武子、平子、桓子四代。

原文

孔子曰:"禄之去公室五世矣,政逮于大夫四世矣,故夫三桓之子孙微矣。"

译文

孔子说:"国家政权离开鲁君之手,已经五代了,政权由大夫把持已经四代了。所以三桓的子孙现在也衰微了。"

解读

三桓：仲孙、叔孙、季孙是鲁国的三卿，皆为鲁桓公之后，故称"三桓"。

原文

孔子曰："益者三友，损者三友。友直、友谅、友多闻，益矣；友便辟、友善柔、友便佞，损矣。"

译文

孔子说："三种朋友有益，三种朋友有害。与正直的人为友，与诚信的人为友，与见多识广的人为友，那是有益的。与装腔作势的人为友，与刻意讨好的人为友，与巧言善辩的人为友，那是有害的。"

原文

孔子曰："益者三乐，损者三乐。乐节礼乐、乐道人之善、乐多贤友，益矣；乐骄乐、乐佚游、乐宴乐，损矣。"

译文

孔子说："三种快乐有益，三种快乐有害。以得到礼乐的调节为乐，以宣扬别人的优点为乐，以结交许多良友为乐，那是有益的。以骄傲自满为乐，以纵横情荡为乐，以饮食纵欲为乐，那是有害的。"

原文

孔子曰："侍于君子有三愆：言未及之而言谓之躁，言及之而不言谓之隐，未见颜色而言，谓之瞽。"

译文

孔子说:"与君子相处,要注意三种过失,不到该说的就说了,叫作急躁;到了该说话时不说,叫作隐瞒;没看他的脸色反应就说了,叫作眼瞎。"

解读

君子:在此是指德行、地位、年龄、辈分比自己高的人,所以前面用了"侍"字。

原文

孔子曰:"君子有三戒:少之时,血气未定,戒之在色;及其壮也,血气方刚,戒之在斗;及其老也,血气既衰,戒之在得。"

译文

孔子说:"君子必须有三点戒惕:年轻时,血气还未稳定,应该戒惕的是好色;到了壮年,血气正当旺盛,应该戒惕的是好斗;到了老年时,血气已经衰弱,应该戒惕的是贪求。"

解读

君子:在此是指立志成为君子的人,否则如何从"少之时"谈起?

血气:随着身体发育而有的本能与欲望。孔子并未忽略人有"血气"问题,但是他依然肯定人应该择善,原因就是他深信人性向善。

原文

孔子曰:"君子有三畏:畏天命,畏大人,畏圣人之言。小人不知天命而不畏也,狎大人,侮圣人之言。"

译文

孔子说:"君子必须敬畏以下三种:敬畏天赋使命,敬畏王公大人,敬畏圣人的言论。小人不懂天赋使命却不怕,轻视位高的人,轻慢侮辱圣人的言论。"

解读

天命:天赋使命,内容有二:一是天对人的命令,使人自觉内在的向善要求,最后止于至善;二是每一个人在择善时,根据主观条件而把握的具体作为。譬如孔子"五十而知天命",接着自五十五岁起,周游列国,有如奉命行事,"知其不可而为之"。

大人:政治官员。他们负责治理国家,位高权重,稍有差错,就会祸及百姓。所以值得人们敬畏,希望借此敦促他们尽职责。

圣人之言:古代圣人的智慧结晶,指出生应行之道,并且昭示吉凶祸福,足以使人敬畏。

原文

孔子曰:"生而知之者上也,学而知之者次也;困而学之又其次也。困而不学,民斯为下矣。"

译文

孔子说:"生来就知道的是上等人,学习之后知道的是次等人,遇到困难才去学习的是更次一等的。遇到困难还不肯学习的,就是最下等的人了。"

解读

知之:所知的是人生正道而不是一般的知识,否则如何可能"生而知之"?

原文

孔子曰:"君子有九思:视思明,听思聪,色思温,貌思恭,言思忠,事思敬,疑思问,忿思难,见得思义。"

译文

孔子说:"君子有九种考虑:看的时候,考虑是否明白;听的时候,考虑是否清楚;脸上的表情,考虑是否温和;容貌与态度,考虑是否庄重;说话的时候,考虑是否真诚;做事的时候,考虑是否敬业;遇到有疑问,考虑向人请教;临到发怒时,考虑麻烦的后患;见到可得的东西,考虑该不该得。"

解读

思:这"九思"表示人生时时刻刻都要自觉与反省,稍一不慎,就会造成过错,进而引发一连串的后果。孔子重视理性的作用,在此又得到一说明。

原文

孔子曰:"见善如不及,见不善如探汤;吾见其人矣。吾闻其语矣。隐居以求其志,行义以达其道;吾闻其语矣,未见其人也。"

译文

孔子说:"看到善的行为,就好像追赶不上;看到不善的行为,就好像伸手碰到滚烫的水。我见过这样的人,也听过这样的话。避世隐居来磨炼他的志节,实践道义来贯彻他的理想。我听过这样的话,但是不曾见过这样的人。"

解读

志：志节，需要磨炼与持守。隐居时，人可能会放弃志节。

道：理想。人有机会人世发挥抱负时，能够坚持道义原则吗？能够秉持原有的理想吗？恐怕十分困难。这是孔子"未见"这种人的原因。

原文

"齐景公有马千驷，死之日，民无德而称焉；伯夷、叔齐饿于首阳之下，民到于今称之。其斯之谓与？"

译文

孔子说："齐景公有四千匹马，临到死的时候，百姓找不出他有什么德行可以称述。伯夷与叔齐在首阳山下饿死，百姓直到现在仍然称述他们的德行。那就是这个意思吧！"

解读

"诚不以富，亦只以异"：出自《诗经·小雅·我行其野》，历代学者对此已有不少的讨论，我们也不必再说了。

原文

陈亢问于伯鱼曰："子亦有异闻乎？"

对曰："未也。尝独立，鲤趋而过庭，曰：'学《诗》乎？'对曰：'未也。''不学《诗》，无以言。'鲤退而学《诗》。他日，又独立，鲤趋而过庭，曰：'学《礼》乎？'对曰：'未也。''不学《礼》，无以立。'鲤退而学《礼》。闻斯二者。"

陈亢退而喜曰："问一得三，闻《诗》，闻《礼》，又闻君子之远其子也。"

译文

陈亢向伯鱼请教说:"您在老师那儿听过不同的教诲吗?"

伯鱼回答说:"没有。他曾经一个人站在堂上,我恭敬地从庭前走过,他问:'学了诗吗?'我答:'没有。'他说:'不学诗,就不会说话。'我就马上去学诗。另外一天,他又一个人站在堂上,我恭敬地从庭前走过。他问:'学了礼吗?'我答:'没有。'他说:'不学礼,就没有办法立身处世。'我就马上去学礼。我听到的就两件事。"

陈亢回去以后,高兴地说:"我问一件事,却知道了三件事。知道要学诗,知道要学礼,又知道君子对自己儿子要保持适当的距离。"

解读

陈亢:陈子禽。

伯鱼:孔鲤,孔子之子。

远其子:保持适当距离,合乎古代父严母慈的传统。

原文

邦君之妻,君称之曰夫人;夫人自称曰小童;邦人称之曰君夫人,称诸异邦曰寡小君;异邦人称之亦曰君夫人。

译文

对国君的妻子,国君称她为夫人,她自称为小童。本国人称她为君夫人,对外国人,便称她为寡小君。外国人称呼她,也说君夫人。

原文

阳货欲见孔子，孔子不见，归孔子豚。

孔子时其亡也，而往拜之，遇诸涂。

谓孔子曰："来！予与尔言。"曰："怀其宝而迷其邦，可谓仁乎？"曰："不可。""好从事而亟失时，可谓知乎？"曰："不可！""日月逝矣，岁不我与！"

孔子曰："诺，吾将仕矣。"

译文

阳货希望孔子拜会他，孔子不去，他就送一只小烧猪给孔子。孔子趁他不在家的时候，才去拜谢。

不料两个人在路上碰到了。

阳货对孔子说："你过来，我要与你说话。"他接着说："具备卓越才干却让国家陷入困境，这可以称做行仁吗？他又说："不可以。"喜欢从政做官却屡次错过机会，这可以称作明智吗？说："不可以。"光阴似箭，时间是不会等人的。"

孔子说："好吧，我会去做官的。"

解读

阳货：阳虎，季氏家臣。季氏数代把持鲁国朝政，阳货此时又把持季氏的权柄。后来他图谋铲除三桓，失败后逃往晋国。

往拜：收到礼物，必须登门拜谢。此事约在鲁定公七年（前503），孔子四十九岁时。两年之后，孔子开始从政，任中都宰。

原文

子曰："性相近也，习相远也。"

译文

孔子说:"依本性来看,人的本性是相近的,依习惯的不同就有很大的差异了。"

解读

性:孔子直接论性,只此一处。即然"习"是后天的习染,"性"应该是先天的本性了,那么谈到它,为何说"相近"而不说"相同"?理解的关键是:第一,孔子对人性的看法,不分先天后天,即人性是一个在生命整体中不断展现的力量,性是"源"而习是流,源相近而流相远。第二,历代已有学者指出,性之相近是相近于"善"。相近并非相等,所以不说本善,但是可以说"向善",就是每一个人对善都有自我要求,只是在力量上有强有弱。譬如有人犯小错,心就不安;有人犯大错,心才不安。就两者程度的差异而言,可以归之于"习相远也"。第三,人性向善,是以人性为自我要求行善的力量。这种力量表现为自觉与感通,要与别人保持适当的关系,正好契合"二人为仁"的架构,也可以印证孔子所谈仁的言论。

原文

子曰:"唯上知与下愚不移。"

译文

孔子说:"只有最明智与最愚昧的人是不会改变的。"

解读

"知":与愚相对,专就领悟人生的能力而言。

不移:在有关人生的议题上,真知必能带来实践。上智已有真知,走上人生,不移也不必移。下愚缺少真知,一切但凭侥幸,不移也不肯移。

原文

子之武城,闻弦歌之声。夫子莞尔而笑,曰:"割鸡焉用牛刀?"

子游对曰:"昔者偃也闻诸夫子曰:'君子学道则爱人,小人学道则易使也。'"

子曰:"二三子,偃之言是也!前言戏之耳。"

译文

孔子到了武城,听到了弹琴唱歌的声音。孔子微微一笑,说:"杀鸡何必要用宰牛的刀?"

子游回答说:"以前我听老师说过:'做官的学习了,就会有仁爱心;老百姓学习了,就容易服从政令。'"

孔子接着向学生说:"各位弟子,偃说的话是对的,我刚才只是同他们开玩笑啊。"

解读

子游:言偃,当时担任武城县的县长。

学道:在此是指学习典籍。

原文

公山弗扰以费畔,召,子欲往。子路不说,曰:"末之也已,何必公山氏之之也?"子曰:"夫召我者而岂徒哉?如有用我者,吾其为东周乎!"

译文

公山弗扰占据费邑,起兵反叛季氏。他召请孔子去帮忙,孔子想要前往。

子路很不高兴,说:"没有地方去就算了,为什么一定要去公山氏那里呢?"

孔子说:"请我去的人,难道是白召我吗?如果有人任用我,我会使它变为东周呀!"

解读

公山弗扰：可能是公山不狃。他以家臣身份反叛季氏这位大夫，理由可能是为了支持鲁君，所以孔子有意前去，但是后来并未成行。

东周：周朝自平王东迁之后，称为东周。此后天子失权，诸侯各自为政，孔子想借着治理鲁国，进而平治天下。

原文

子张问仁于孔子，孔子曰："能行五者于天下为仁矣。"

请问之，曰："恭、宽、信、敏、惠。恭则不侮，宽则得众，信则人任焉，敏则有功，惠则足以使人。"

译文

子张向孔子请教如何是"仁"。孔子说："能实行五种品德，就是'仁'。"

子张问这五种，孔子说："庄重，宽大，诚实，勤敏，慈惠。庄重就不会招来侮辱，宽大就会得到众人支持，诚实就会受人任用，勤敏就会产生功效，慈惠就能领导别人。"

解读

仁：从孔子的回答可知行仁不能离开为人处事。在人生的路上，不能忽略人与人之间的关系，即善。若要实现自己的人生，除了努力向善外，别无选择。

原文

佛肸召，子欲往。

子路曰："昔者由也闻诸夫子曰。亲于其身为不善者，君子不入也。'佛肸以中牟畔，子之往也，如之何？"

子曰:"然。有是言也。不曰坚乎,磨而不磷?不曰白乎,涅而不缁。吾岂匏瓜也哉?焉能系而不食?"

译文

佛肸召请孔子,孔子想要前往。

子路说:"以前我听老师说过,'亲手公然行恶的人那里,君子是不会前去的。'现在佛肸占据中牟,起兵反叛,您却想要前去,又该怎么说呢?"

孔子说:"对的,我说过这样的话。但是我们不是也说最坚硬的东西,是磨也磨不薄的,不是也说最洁白的东西,是染也染不黑的。我难道只是匏瓜吗?怎么只挂在那儿不让人食用呢?"

解读

佛肸:晋国赵简子专政时,攻打范中行,范中行的家臣佛肸是中牟县长,据地反叛赵简子。

原文

子曰:"由也!女闻六言六蔽矣乎?"对曰:"未也。"

"居!吾语女。好仁不好学,其蔽也愚;好知不好学,其蔽也荡;好信不好学,其蔽也贼;好直不好学,其蔽也绞;好勇不好学,其蔽也乱;好刚不好学,其蔽也狂。"

译文

孔子说:"仲由!你听说过六种品德与六种流弊的说法吗?"子路回答说:"没有。"

孔子说:"你坐下,我来告诉你。爱好仁德而不爱好学习,那种流弊就是愚昧;爱好明智而不爱好学习,那种流弊就是游谈无根;爱好诚实而不爱好学习,那种流弊就是伤害自己；爱好直率而不爱好学习，那种流弊就是尖酸刻薄；爱好勇敢而不爱好学习，那种流弊就是胡作非为；爱好刚强而不爱学习，那种流弊就是狂妄自大。"

解读

学：如果不学习，就无法明白事理，即使有心实践品德，也容易出现流弊。孔子重视学习，提醒我们要有理性。

原文

子曰："小子何莫学夫诗？诗可以兴，可以观，可以群，可以怨。迩之事父，远之事君，多识于鸟兽草木之名。"

译文

孔子说："学生们为什么不学诗呢？学诗，可以引发想象力，可以提高观察力，可以感通大众情感，可以纾解心中的怨恨。学了诗，以近的来说，懂得如何侍奉父母；以远的来说，懂得如何侍奉君主。此外还能广泛认识草木鸟兽的名称。"

解读

兴：诗的这四种作用是针对个人的受益而言。真能充分发挥，应该可以达到"温柔敦厚，诗教也"的成效。

原文

子谓伯鱼曰："女为《周南》、《召南》矣乎？人而不为《周南》、《召南》，其犹正墙面而立也与！"

译文

孔子对伯鱼说:"你仔细读过《召南》了吗?一个人如果不曾仔细读《周南》与《召南》,就会像面朝墙壁站着的人。"

解读

《周南》、《召南》:《诗经·国风》开头的两篇。内容侧重夫妇相处之道,有勉人修身齐家之意。

正墙面而立:什么都看不到,哪里都去不了。

原文

子曰:"礼云礼云,玉帛云乎哉?乐云乐云,钟鼓云乎哉?"

译文

孔子说:"礼啊礼啊,难道只是在说玉帛这些吗?乐啊乐啊,难道只是在说钟鼓这些乐器吗?"

解读

礼:礼有具体表现的形式与器物,但是更重要的是行礼人的真实情感。乐也是如此。参考"人而不仁,如礼何?人而不仁,如乐何"?

原文

子曰:"色厉而内荏,譬诸小人,其犹穿窬之盗也与?"

译文

孔子说:"脸色严厉而内心怯弱的人,可以比拟为小人,就像挖洞翻墙的小偷吧!"

解读

盗:这种小偷表面凶狠而内心虚浮。

原文

子曰:"乡原,德之贼也。"

译文

孔子说:"不分是非的好好先生,是败坏道德风气的小人。"

解读

乡原:每个社群都可能有所谓的"好好先生",他们谁都不得罪,表面媚俗而内心中毫无理想。

原文

子曰:"道听而涂说,德之弃也。"

译文

孔子说:"听到传闻就到处散布,这是背离德行修养的。"

解读

德:道德修行必须靠实际行动,若是好为口说,正是背道而驰。

原文

子曰:"鄙夫可与事君也与哉?其未得之也,患得之;既得之,患失之。苟患失之,无所不至矣。"

译文

孔子说:"我们能与志节鄙陋的人一起侍奉君上吗?这种人在没有得到职位时,害怕得不到;一旦得到了,又害怕失去。如果害怕失去职位,什么事情都干得出来。"

原文

子曰:"古者民有三疾,今也或是之亡也。古之狂也肆,今之狂也荡;古之矜也廉,今之矜也忿戾;古之愚也直,今之愚也诈而已矣。"

译文

孔子说:"古代百姓有三种病,现在的百姓连这些都没有了。古代狂妄的人不拘小节,现在狂妄的人放纵言行;古代矜持的人不敢造作,现在矜持的人愤世嫉俗;古代愚昧的人还算直率,现在愚昧的人却只知耍弄心机罢了。"

解读

疾:偏病。任何地方的民风都有其特色,百姓之中有的狂,有的矜,有的愚。即使就此而论,古今也相去甚远,孔子因而感叹。

原文

子曰:"恶紫之夺朱也,恶郑声之乱雅乐也,恶利口之覆邦家者。"

译文

孔子说:"我厌恶的是紫色夺去了红色的地位,我厌恶的是郑国的乐曲扰乱了典雅的乐曲,我厌恶的是以伶牙俐齿颠覆国家的人。"

解读

紫:诸侯衣服原以红色为正。春秋时代鲁桓公开始尚紫,逐渐改变了风气。
孔子厌恶的是似是而非,结果混淆了礼制音乐与国家法纪。

原文

子曰:"予欲无言。"子贡曰:"子如不言,则小子何述焉?"子曰:"天何言哉?四时行焉,百物生焉,天何言哉?"

译文

孔子说:"我想不再说话了。"子贡说:"老师如果不说话,那儿我们要传述什么呢?"孔子说:"天说了什么呢?四季照样在运行,万物照样在生长,天说了什么呢?"

解读

言:孔子所说的道理,固然可以让学生传述,而其真正的目的则是普及教化的效果。只有传述而无效果,则是本末倒置。由此可以看出孔子的感慨,而不是孔子真的不想再说话。

天:天虽不言,而其运作的效果仍在。这句看似比喻的话,其实反映了古代人的信念,就是以天为"造生者"与"载行者",天是万物的根源,也是维系一切的力量。

原文

孺悲欲见孔子,孔子辞以疾。将命者出户,取瑟而歌,使之闻之。

译文

孺悲来了,要拜访孔子,孔子托言有病,拒绝见他。传命的人一走出房间,孔子就取出瑟来边弹边唱,让孺悲可以听到。

解读

孺悲：鲁国人，曾向孔子学习"士丧礼"。

辞以疾：古代习惯以疾病为托辞，但是孔子又故意弹瑟唱歌，目的是让孺悲自省其过失。这是以不教为教。

原文

宰我问："三年之丧，期已久矣！君子三年不为礼，礼必坏；三年不为乐，乐必崩。旧谷既没，新谷既升，钻燧改火，期可已矣。"

子曰："食夫稻，衣夫锦，于女安乎？"

曰："安！"

"女安则为之！夫君子之居丧，食旨不甘，闻乐不乐，居处不安，故不为也。今女安，则为之！"

宰我出，子曰："予之不仁也！子生三年，然后免于父母之怀。夫三年之丧，天下之通丧也，予也有三年之爱于其父母乎！"

译文

宰我问："为父母守孝三年，时间未免太长了。君子三年不举行礼仪，礼仪一定会荒废；三年不演奏音乐，音乐一定会散失。旧谷吃完，新谷也已收成，打火的燧木轮用了遍。所以守丧三年就可以了。"

孔子说："守丧未满三年，就吃白米饭，穿绵缎衣，你心里安不安呢？"

宰我说："安。"

孔子说："你心安，就去做吧！君子在守丧时，吃美食不辨滋味，听音乐不感快乐，住家里不觉舒适，所以不这么做。现在你既然心安，就去做吧！"

宰我退出房间后，孔子说："宰予没有厚道啊！一个孩子生下来，三年以后才能离开父母的怀抱。为父母守丧三年，天下人都是这么做的。"

解读

三年之丧：为父母守丧三年。三年是指二十五月或二十七月，不是真正的三年。孔子认为这是天下的"通丧"，意思是"应该"如此，而事实上却未必如此。

宰我：言语科的高才生，在此提出的质疑兼顾了人文世界（礼与乐）与自然世界（谷与火）这两方面，可谓相当周全，但是忽略了人心的情感需要。

安：孔子的思考模式是：人间的伦理规范（三年之丧）是为了响应心理情感（安）而定的，然后心理情感又可以推源于生理特性（三年免怀）。如此形成的"生理—心理—伦理"观点，可以说明人性的发展过程以及人性何以向善，即为何不守三年之丧就会不安。换言之，孔子心目中的人性，是不能离开人生命的具体存在及成长处境的。

不仁：就宰我忽略内心的真诚情感而言。

原文

子曰："饱食终日，无所用心，难矣哉！不有博弈者乎？为之犹贤乎已。"

译文

孔子说："整天吃饱了饭，对什么事情都不花心思，这样很难有作为啊！不是有下棋的游戏吗？去玩玩也比这样无聊要好些！"

解读

针对人上正途而言，孔子认为人不应该浪费时间，总要花些心思，激发潜力，再回归正途。

原文

子路曰:"君子尚勇乎?"子曰:"君子义以为上。君子有勇而无义为乱,小人有勇而无义为盗。"

译文

子路说:"君子推崇勇敢吗?"孔子说:"君子推崇的是道义,君子光有勇敢而没有道义,就会作乱;小人光有勇敢而没有道义,就会做匪盗。"

解读

君子:指立志成为君子的人。从本节所论的内容来看,是对假设情况的讨论,表示君子"应该"如何,否则就会如何。有此理解,就不必考虑君子是有位者、有德者。至于小人,则指不愿意立志改善自己的一般人。

原文

子贡曰:"君子亦有恶乎?"子曰:"有恶。恶称人之恶者,恶居下流而讪上者,恶勇而无礼者,恶果敢而窒者。"

曰:"赐也亦有恶乎?""恶徼以为知者,恶不孙以为勇者,恶讦以为直者。"

译文

子贡说:"君子也有厌恶的事吗?"孔子说:"有厌恶的事;厌恶述说别人缺点的人,厌恶在下位而毁谤长官的人,厌恶勇敢而不守礼仪的人,厌恶一意孤行却顽固不通的人。"

孔子又说:"赐,你也有厌恶的事吗?"子贡说:"厌恶抄袭却以为自己聪明的人,厌恶狂妄无礼却以为自己勇敢的人,厌恶揭人隐私却以为自己正直的人。"

任城伯选

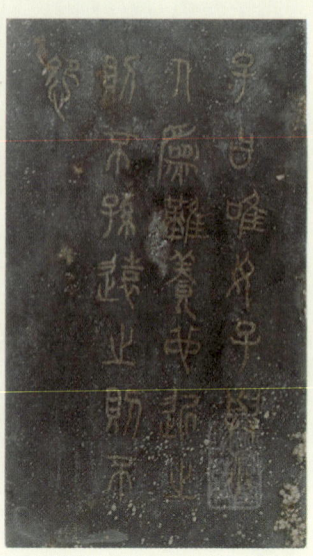

原文

子曰:"唯女子与小人为难养也,近之则不孙,远之则不怨。"

译文

孔子说:"只有女子和小人难以相处,亲近了,他们会无礼;疏远了,他们会心生怨恨。"

解读

女子:古代女子没有受教育机会,在经济上也不能独立,所以心胸与视野受到很大的限制。孔子所说的是古代实情,今日看来已经不再适用了。

原文

子曰："年四十而见恶焉,其终也已。"

译文

孔子说："到了四十岁还被人厌恶,一生大概没有什么发展了。"

解读

四十:这句话可能是孔子对自己遭遇的感叹。他三十五岁前往齐国,居留两年,齐景公曾有意重用,但为晏婴反对。这句话若不是孔子的心情写照,实在很难具有普遍的意义。

颍伯子禽

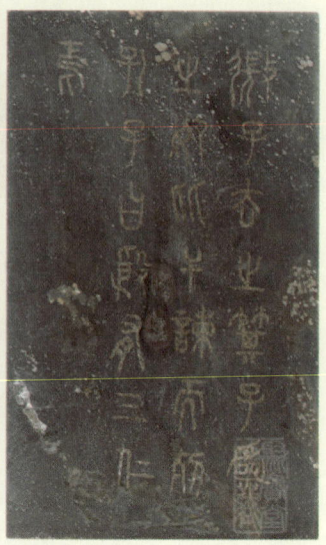

原文

微子去之,箕子为之奴,比干谏而死。
孔子曰:"殷有三仁焉。"

译文

微子离开了纣王,箕子成了纣王的奴隶,比干因劝谏(纣王)而被杀。
孔子说:"殷朝末年有三位仁人啊!"

解读

微子:微子启,为商纣王同母长兄。因为母亲先为帝乙的妾,后立为妻,再生纣,所以由纣继王位。箕子与比干都是商纣王的叔父。他们三人坚持为善,下场虽有不同,却都合乎行仁的要求。

原文

柳下惠为士师，三黜。人曰："子未可以去乎？"曰："直道而事人，焉往而不三黜？枉道而事人，何必去父母之邦？"

译文

柳下惠，担任刑狱官时，多次被免职。有人对他说："您这样还不愿意离开鲁国吗？"他说："坚持原则为人工作，去哪里不会多次被免职？放弃原则的工作，又为什么一定要离开自己的国家呢？"

解读

道：原则、理想，是指人生应坚持的。

原文

齐景公待孔子曰："若季氏，则吾不能。"以季、孟之间待之，曰："吾老矣，不能用也。"孔子行。

译文

齐景公谈到对待孔子时，说："像鲁君对待季氏那样，我办不到；我以低于季氏而高于孟氏的礼数来对待他。"不久又说："我已经老了，没有办法任用他了。"孔子于是离开了齐国。

解读

季氏：当时在鲁国三卿之中，首先是季氏的地位最高，其次是叔氏，然后才是孟氏。此事发生在鲁昭公二十七年（前515），孔子三十七岁时。

原文

齐人归女乐,季桓子受之,三日不朝,孔子行。

译文

齐国送一批能歌善舞的女子给鲁国,执政的季桓子接受了,三天不问朝事。孔子于是离职走了。

解读

季桓子:季孙斯,当时为执政上卿。孔子原是司寇,颇有政绩,这时辞官走了。此事发生在鲁定公十三年(前497),孔子五十五岁时。

原文

楚狂接舆歌而过孔子曰:"凤兮凤兮,何德之衰?往者不可谏,来者犹可追。已而已而,今之从政者殆而!"

孔子下,欲与之言,趋而辟之,不得与之言。

译文

楚国一位狂放不羁的人接舆,唱着歌经过孔子的马车旁时,唱说:"凤凰啊,凤凰啊!你的风格怎么变得如此落魄?过去的已经无法挽回,未来的还来得及把握。算了吧,算了吧,现在从事政治的人都很危险啊!"

孔子下车,想要同他说话。他却赶快避开,使孔子没有办法同他说话。

解读

接舆：这是真实的姓名，还是"接孔子之舆而歌"的描述？事实上，接舆在古代资料中已被当作特定的人名使用。

凤：描写志行高洁的人。

德：指风格，如"君子之德，风；小人之德，草"的德。

原文

长沮、桀溺耦而耕，孔子过之，使子路问津焉。

长沮曰："夫执舆者为谁？"

子路曰："为孔丘。"

曰："是鲁孔丘与？"曰："是也。"

曰："是知津矣。"

问于桀溺，桀溺曰："子为谁？"曰："为仲由。"

曰："是鲁孔丘之徒与？"对曰："然。"

曰："滔滔者天下皆是也，而谁以易之？且而与其从辟人之士也，岂若从辟世之士？"耰而不辍。

子路行以告，夫子怃然曰："鸟兽不可与同群，吾非斯人之徒与而谁与？天下有道，丘不与易也。"

译文

长沮与桀溺一起耕田，孔子经过那儿，吩咐子路去向他们询问渡口的位置。

长沮反问子路说："那位手拿缰绳的人是谁？"

子路说："是孔丘。"

长沮说："是鲁国的孔丘吗？"子路说："是的。"

长沮说："他早就知道渡口在那里了。"

子路又去问桀溺，桀溺反问他："您是谁？"子路说："我是仲由。"

桀溺说:"是鲁国孔丘的门徒吗?"子路说:"是的。"

桀溺说:"像大水泛滥的情况,到处都是这样,你要同谁去改变呢?你与其追随逃避坏人的人,何不跟着逃避社会的人呢?"说完,继续覆种田地。

子路回来报告孔子这一切。孔子神情怅然地说:"我们没有办法与飞禽走兽一起生活,如果不同人群相处又要同谁相处呢?天下政治若是太平,我就不会带你们去试图改变了。"

解读

长沮、桀溺:隐者,不是真姓名。

知津:这是隐者对孔子的肯定,表示孔子知道何去何从,只是过于坚持自己的信念罢了。

原文

子路从而后,遇丈人,以杖荷蓧。

子路问曰:"子见夫子乎?"

丈人曰:"四体不勤,五谷不分,孰为夫子?"植其杖而芸,子路拱而立。止子路宿,杀鸡为黍而食之,见其二子焉。

明日,子路行以告。

子曰:"隐者也。"使子路反见之,至则行矣。子路曰:"不仕无义。长幼之节不可废也,君臣之义如之何其废之?欲洁其身而乱大伦。君子之仕也,行其义也,道之不行已知之矣。"

译文

子路跟随孔子,却远远落在后面,遇到一位老人家,用拐棍挑着除草的工具。

子路便问他:"您看到我的老师了吗?"

老人家说:"四肢不劳动,五谷也分不清,我怎么知道你的老师是谁?"说完就放

下拐棍去除草。子路拱着手站在一边。稍后老人家留子路到他家过夜,杀鸡做饭给子路吃,又叫两个儿子出来相见。

第二天,子路赶上了孔子,报告这一切经过。

孔子说:"这是一位隐居的人。"接着吩咐子路回去看看他。子路到了那里,老人家却出门了。

子路说:"不从政是不应该的。长幼间的礼节都不能废弃,君臣间的道义又怎么能废弃呢?原本想要洁身自爱,结果却败坏了更大的伦常关系。君子出来从政,是做道义上该做的事。至于政治理想无法实现,早已知道的啊。"

解读

子路曰:这是子路转述孔子交代的话,并且是子路对老人家的二子说的。

长幼之节:老人家曾让二子与子路相见,表示仍然重视长幼之节。

原文

逸民:伯夷、叔齐、虞仲、夷逸、朱张、柳下惠、少连。子曰:"不降其志,不辱其身,伯夷、叔齐与!"谓:"柳下惠、少连降志辱身矣,言中伦,行中虑,其斯而已矣。"谓:"虞仲、夷逸隐居放言,身中清,废中权。我则异于是,无可无不可。"

译文

不得志的人才有:伯夷、叔齐、虞仲、夷逸、朱张、柳下惠、少连。孔子说:"正节不受委屈,人格不受侮辱的,是伯夷与叔齐吧!"又说:"柳下惠与少连,志节受委屈,人格受侮辱,可说是言语合乎规矩,行为经过考虑,就是如此吧!"又说:"虞仲与夷逸,隐居起来,畅言高论,人格表现廉洁,被废也合乎权宜。我是与这些人都不同的,没有一定怎么做,也没有一定不要怎么做。"

解读

逸民：这七人中，虞仲、夷逸、朱张、少连的平生暂未考证。

我：孔子的原则是通权达变，因时制宜。在确定自己的理想之后，可以行则行，可以止则止。

原文

大师挚适齐，亚饭干适楚，三饭缭适蔡，四饭缺适秦，鼓方叔入于河，播鼗武入于汉，少师阳、击磬襄入于海。

译文

太师挚前往齐国，亚饭干前往楚国，三饭缭前往蔡国，四饭缺前往秦国，打鼓的方叔移居黄河边，摇小鼓的武移居汉水边，少师阳与击磬的移居海边。

解读

大师：鲁国乐官之长。古代天子与诸侯用饭时要奏乐，所以用亚饭等为乐师之名。此一乐官流散各地的局面，大概发生在鲁哀公之时。

原文

周公谓鲁公曰："君子不施其亲，不使大臣怨乎不以，故旧无大故则不弃也，无求备于一人。"

译文

周公对鲁公说:"君子不会疏忽慢待他的亲族;不会让大臣抱怨没有受到重视。长期追随的属下没有严重过失,就不要弃之不用。不要对一个人要求十全十美。"

解读

周公:姬旦,周初制礼作乐的圣人。鲁公是周公之子伯禽,封于鲁国。

施:在此与"弛"通假。

原文

周有八士:伯达、伯适、仲突、仲忽、叔夜、叔夏、季随、季骝。

译文

周朝有八位著名的读书人:伯达、伯适、仲突、仲忽、叔夜、叔夏、季随、季骝。

原文

子张曰:"士见危致命,见得思义,祭思敬,丧思哀,其可已矣。"

译文

子张说:"读书人看见危险要不惜牺牲生命,看见利益要想该不该得。祭祀时要想到虔诚,居丧时要想到悲戚。这样我就算不错了。"

解读

危：在此须补充说明，合乎道义的原则才可不惜牺牲，而不是要人轻易赴死。由此可知孔子学生的心得不能与孔子的说法相提并论。本章有不少例证。

原文

子张曰："执德不弘，信道不笃，焉能为有？焉能为亡？"

译文

子张说："对道德的实践不够坚持，对理想的信念不够忠实。这样的人，不是有他们不为多，无他不为少吗？"

解读

道：就人生理想而言，抵达至善才是人生的最高目标。

原文

子夏之门人问交于子张。

子张曰："子夏云何？"对曰："子夏曰：'可者与之，其不可者拒之。'"子张曰："异乎吾所闻。君子尊贤而容众，嘉善而矜不能。我之大贤与，于人何所不容？我之不贤与，人将拒我，如之何其拒人也？"

译文

子夏的学生问子张交友之道。

子张说:"子夏说了些什么?"这位学生回答:"子夏说:'值得交往的才与他交往,不值得交往的就拒绝他。'"

子张说:"我所听到的与此不同,君子尊敬才德卓越的人,也接纳一般大众,称赞行善的人,也同情没能行善的人。我若是才德卓越,对什么人不能接纳呢?我若是才德不卓越,别人将会拒绝我,我又凭什么去拒绝别人?"

解读

交:交友之道。子夏与子张所说的不同,因为前者是对初学者而言,后者则就已有君子行为的人而言。

原文

子夏曰:"虽小道必有可观者焉,致远恐泥,是以君子不为也。"

译文

子夏说:"就是一般的小技艺,也必定有它值得欣赏的地方。不过长期专注于此,恐怕会陷于执着的困境,所以君子不去碰它。"

解读

小道:指一般的技艺,内容广泛不必详列。相对于此,就是读书人的理想,要行善成德,济世救人。事实上,对于小技艺,只要不太执着,未尝不能增添生活的趣味。

原文

子夏曰:"日知其所亡,月无忘其所能,可谓好学也已矣。"

译文

子夏说:"每天知道自己所未知的,每月不要忘记自己所已知的,这样可以说是爱学习了。"

鲁伯对鱼

原文

子夏曰："博学而笃志,切问而近思,仁在其中矣。"

译文

子夏说："广泛学习,且要坚定志节,恳切发问与考虑当前的问题,仁德就在里面了。"

解读

仁:仁德。一个人兼顾本这四点,不难界定自己的人生之路要如何开展。在缺少良师益友的情况下,这是可行的办法。

原文

子夏曰:"百工居肆以成其事,君子学以致其道。"

译文

子夏说:"各类工匠要留在坊场完成工作,君子则要靠努力学习才能领悟道理。"

解读

君子:指立志成为君子的人。这是《论语》常见的观点。靠学习,可以领悟道理,接着还须努力实践。

原文

子夏曰:"小人之过也必文。"

译文

子夏说:"小人有了过错,一定加以掩饰。"

解读

小人:不知或不愿"立志"改善自己的人。

原文

子夏曰:"君子有三变:望之俨然,即之也温,听其言也厉。"

译文

子夏说:"君子给人三种不同的观感:远远看他,庄重严肃;就近接触,和蔼可亲;听他说话,感到严厉。"

原文

子夏曰:"君子信而后劳其民,未信,则以为厉己也;信而后谏,未信,则以为谤己也。"

译文

子夏说:"君子获得百姓信赖之后才去动员他们工作,否则百姓会以为自己受到虐待。获得君子信赖之后,才去进谏他,否则君子会以为自己受到毁谤。"

原文

子夏曰:"大德不逾闲,小德出入可也。"

译文

子夏说:"在关键重大的行事作风上,不能逾越界限;在无足轻重的行事作风上,稍放松是可以的。"

解读

德:指行事作风,不指道德,否则岂可重大轻小?

原文

子游曰:"子夏之门人小子,当洒扫应对进退则可矣。抑末也,本之则无,如之何?"

子夏闻之,曰:"噫,言游过矣!君子之道,孰先传焉?孰后倦焉?譬诸草木,区以别矣。君子之道焉可诬也?有始有卒者,其惟圣人乎!"

译文

子游说:"子夏的学生让他们洒水扫地、接待宾客,进退礼仪方面的事,还可以胜任,不过这些只是末节而已。做人的根本道理却没有学会,怎么可以呢?"

子夏听到了这段话。说:"唉!言游错了!君子所应学习的道理,哪一样要先传授,哪一样要最后讲述呢?以认识草木作为比喻,就是要先区分为各种各类。对于君子所应学习的道理,怎么可以任意妄加批评呢?在教导时能够有始有终全面兼顾的,大概就是圣人了。"

解读

道:成为君子所应学习的道理,包括知识与道德。

圣人:完美的人,在此应指孔子。

罕娄伯子祺

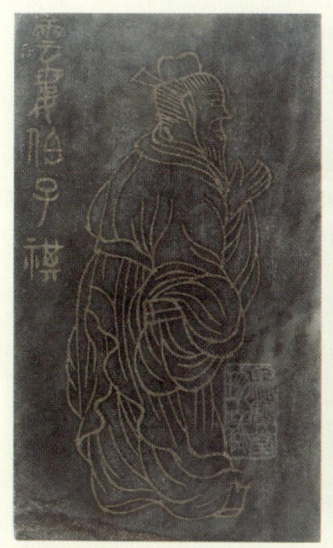
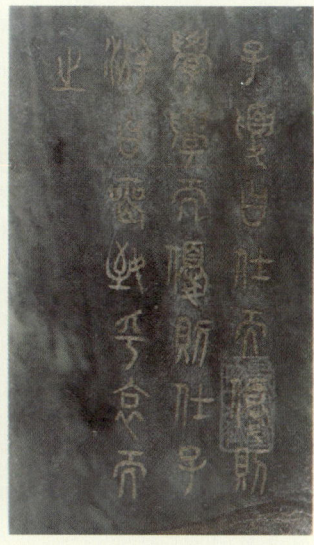

原 文

子夏曰："仕而优则学，学而优则仕。"

译 文

子夏说："从政之后，行有余力就该学习；学习之后，有余力，就该从政。"

解 读

仕：现代人就业之后，即使不是从政做官，也等于"仕"。行有余力，就该学习，正符合终身学习的原则。

原文

子游曰:"丧致乎哀而止。"

译文

子游说:"居丧时,充分表现悲戚就可以了。"

解读

止:不宜因过度悲伤而危及身心。

原文

子游曰:"吾友张也,为难能也,然而未仁。"

译文

子游说:"我的朋友子张所作所为已经难能可贵了,不过还没有抵达仁的境界。"

解读

仁:指人格的最高境界。子游这样说有与子张互相砥砺之意,而不是妄加批评。

原文

曾子曰:"堂堂乎张也,难与并为仁矣。"

译文

曾子说:"子张显得高不可攀,很难与他一起做到仁。"

解读

为仁:走上仁德。对每一个人而言,人生原是大同小异的,但是由于性格、志趣、知识、道德的差异,而有各自的朋友。

原文

曾子曰:"吾闻诸夫子,人未有自致者也,必也亲丧乎!"

译文

曾子说:"我听老师说过:'人没有自己充分显露真情的机会,如果有,那也一定是在父母过世的时候吧!'"

原文

曾子曰:"吾闻诸夫子,孟庄子之孝也,其他可能也;其不改父之臣与父之政,是难能也。"

译文

曾子说:"我听老师说过,关于孟庄子的孝行,别的人都还有办法做到;但是他不去更换父亲任用的家臣与父亲所定的政策,那才是难以做到的。"

解读

孟庄子:鲁国大夫孟献子(仲孙蔑)之子,名速。

不改:这与"三年无改于父之道,可谓孝矣"。

原文

孟氏使阳肤为士师,问于曾子。曾子曰:"上失其道,民散久矣。如得其情,则哀矜而勿喜!"

译文

孟氏任命阳肤为刑狱官,向曾子请教。曾子说:"现当政治的人言行失去规范,百姓离心离德已经很久了。你如果查出罪犯的实情,要有怜悯之心,不可沾沾自喜。"

解读

阳肤:是曾子的学生。

少渠伯子南

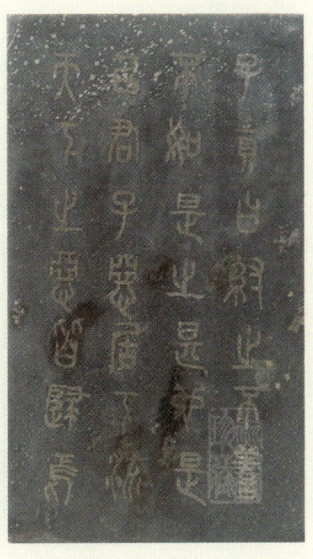

原文

子贡曰:"纣之不善,不如是之甚也。是以君子恶居下流,天下之恶皆归焉。"

译文

子贡说:"商纣王的不好,不像人们所说的那样过分。所以君子厌恶处于名声败坏中,天下的罪恶都堆放到他身上。"

解读

纣:殷商王朝的最后一位国君,由于他残暴,最终落得众叛亲离、自焚而死的下场。
下流:原指河水之下游。引申为众恶所归的地位。

陈伯子张

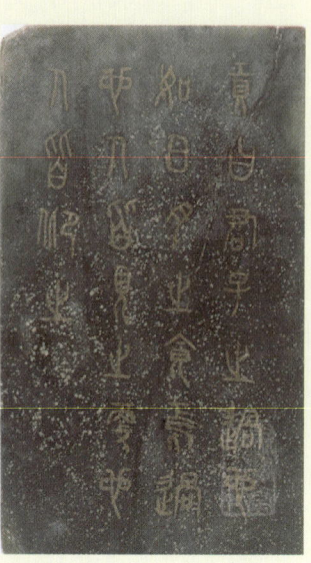

原 文

贡自："君子之过也，如日月之食焉，过也，人皆见之；更也，人皆仰之。"

译 文

子贡说："君子犯了错误，就像日食月食：错误，人们都能看见；改正了，人们都敬仰。"

解 读

日月之食：日食、月食，一种在太阳、地球和月球的运动中，月球挡住太阳照到地球上的光线，或地球挡住太阳照射到月球上的光线的现象。

更：改正，恢复到自然状态。

原文

卫公孙朝问于子贡曰："仲尼焉学？"子贡曰："文武之道未坠于地，在人。贤者识其大者，不贤者识其小者，莫不有文武之道焉，夫子焉不学？而亦何常师之有？"

译文

卫国的公孙朝问子贡说："孔仲尼在何处学习？"子贡说："周文王与周武王的教化并没有完全失传，而是散落在人间。才德卓越的人把握住重要的部分，平凡的人把握住末节的部分。没有地方看不到文王与武王的教化成就啊。我的老师在何处不曾学习？又何必要有固定的老师呢？"

解读

公孙朝：卫国大夫。因同名，有鲁国、楚国、郑国各一人，所以写明国别。

原文

叔孙武叔语大夫于朝曰："子贡贤于仲尼。"

子服景伯以告子贡，子贡曰："譬之宫墙，赐之墙也及肩，窥见室家之好；夫子之墙数仞，不得其门而入，不见宗庙之美、百官之富。得其门者或寡矣，夫子之云不亦宜乎！"

译文

叔孙武叔在朝廷上对大夫们说："子贡的才德比孔仲尼强些。"

子服景伯把这句话告诉了子贡，子贡说："以房屋的围墙作比喻吧。我家的围墙只有肩膀那么高，别人可以看到屋内摆设的美好。老师家的围墙却有几丈高，如果找不到大门进去，就看不到里面宗庙的宏伟壮观与连绵房舍的多姿多彩。能够找到大门的人或许很少吧，叔孙先生这种说法不是正好印证了吗？"

解读

叔孙武叔：叔孙州仇，鲁国大夫。

仞：八尺为一仞。

原文

叔孙武叔毁仲尼，子贡曰："无以为也，仲尼不可毁也。他人之贤者，丘陵也，犹可逾也；仲尼，日月也，无得而逾焉。人虽欲自绝，其何伤于日月乎？多见其不知量也。"

译文

叔孙武叔毁谤孔子，子贡说："不要这么做，仲尼是没有办法毁谤的。别人的才德表现，像是山丘一般，还可以去超越；仲尼像是太阳与月亮，没有可能去超越的。人即使想要断绝他与太阳、月亮的关系，对于太阳、月亮又有什么损害呢？只是显示了他不知自己的分量而已。"

原文

陈子禽谓子贡曰："子为恭也，仲尼岂贤于子乎？"

子贡曰："君子一言以为知，一言以为不知，言不可不慎也。夫子之不可及也，犹天之不可阶而升也。夫子之得邦家者，所谓立之斯立，道之斯行，绥之斯来，动之斯和。其生也荣，其死也哀，如之何其可及也？"

译文

陈子禽对子贡说："您太谦让了吧，仲尼的才德难道比得上您吗？"

子贡说："君子由一句话表现他的智慧，也由一句话表现他的无智，所以说话不能不谨慎。老师让我们赶不上，就像天空是没有办法靠楼梯爬上去一样。老师如果能在诸侯国

或大夫处负责执政，就会做到所说的：要使百姓立足于社会，百姓就会立足于社会；要引导百姓前进，百姓就会向前；要安顿各方百姓，百姓就会前来投靠；要动员百姓工作，百姓就会同心协力。他活得光荣，他辞世可悲戚。这怎么能赶得上呢？"

原文

尧曰："咨！尔舜，天之历数在尔躬，允执其中。四海困穷，天禄永终。"舜亦以命禹。

曰："予小子履，敢用玄牡，敢昭告于皇皇后帝：有罪不敢赦，帝臣不蔽，简在帝心。朕躬有罪，无以万方；万方有罪，罪在朕躬。"

周有大赉，善人是富。"虽有周亲，不如仁人。百姓有过，在予一人。"

谨权量，审法度，修废官，四方之政行焉。兴灭国，继绝世，举逸民，天下之民归心焉。

所重：民、食、丧、祭。

宽则得众，信则民任焉，敏则有功，公则说。

译文

尧让位给舜时说："听着啊！你这位舜！天的大命已经落在你身上了，你要忠实地把握正义原则。如果天下百姓都陷于困苦贫穷，上天给的禄位也将永远终止。"舜后来也以这番话告诫禹。

商汤说："在下履在此谨献上黑色牡牛做牺牲，并且向光明而伟大的上帝报告，有罪的人，我不敢擅自专赦免。您的臣仆所作所为，我也不敢隐瞒，这些都清楚陈列在您心中。我本人如果有罪，请不要责怪天下人；天下人如果有罪，都由我一人来承担。"

周朝大封诸侯，使善人都得到财富。（武王说：）"我虽然有很多至亲的人，但是比不上有许多行善之人。百姓如果犯过错，由我一人来承担"。

严密地检验与审定度量衡，整顿空职与不称职的官员，全国的政令就可以通行了。恢复被灭亡的国家，延续已断绝的世系，提拔不得志的人才，天下的百姓就心悦

诚服了。

应该重视的：百姓、粮食、丧礼、祭祀。

宽厚就会获得众人的爱戴，信实就会得到百姓的信赖。勤快工作就会取得大功绩，行事公平就会使人满意。

解读

尧曰：本章的内容牵涉较广，多为孔子引用的历史资料。一般认为"谨权量"以下的文句，为孔子之言。值得注意的是古代重视"民、食、丧、祭"。

原文

子张问于孔子曰："何如斯可以从政矣？"

子曰："尊五美，屏四恶，斯可以从政矣。"

子张曰："何谓五美？"子曰："君子惠而不费，劳而不怨，欲而不贪，泰而不骄，威而不猛。"

子张曰："何谓惠而不费？"子曰："因民之所利而利之，斯不亦惠而不费乎？择可劳而劳之，又谁怨？欲仁而得仁，又焉贪？君子无众寡，无小大，无敢慢，斯不亦泰而不骄乎？君子正其衣冠，尊其瞻视，俨然人望而畏之，斯不亦威而不猛乎？"

子张曰："何谓四恶？"子曰："不教而杀谓之虐；不戒视成谓之暴；慢令致期谓之贼；犹之与人也，出纳之吝谓之有司。"

译文

子张向孔子问说："要怎么做才能把政务做好？"

孔子说："推崇五种美德，排除四种恶政，这样就可以把政务治理好了。"

子张说："五种美德是什么？"孔子说："君子要做到的是施惠于民，自己却不耗费;劳动百姓,却不招来怨恨;追求仁义,但是并不贪求;神情舒泰,但是并不骄傲;态度威严,但是并不凶猛。"

子张说:"施惠于民,自己却不耗费,这是什么意思呢?"孔子说:"顺应百姓所想要的利益,使他们得到满足,这不是施惠于民,自己却不耗费吗?选择适合的劳动去劳动百姓,又有谁会怨恨?自己想要仁德,结果得到了仁德,还要贪求什么呢?不论人数多少,以及势力大小,君子对他们都不敢怠慢,这不也是神情舒泰却不骄傲吗?君子服饰整齐,表情庄重,严肃使人一看就有些畏惧,这不也是态度威严却不凶猛吗?"

子张说:"四种恶政又是什么?"孔子说:"不先教导百姓就杀死,这称作酷虐;不先提出警告,就要看到成效,这称作残暴;延后下令时间,届时却严格要求,这称作害人;同样是要给人财物,出手却吝惜,这称作小家子气。"

【解读】

有司:古代指管小事的官,地位卑微,作风小气,与君子所为大不相称。这是提醒人在奖赏时不可以犹豫不决,以免反招来怨恨。

共城伯子羔

原文

子曰:"不知天命,无以为君子;不知礼,无以立也;不知言,无以知人也。"

译文

孔子说:"不了解命的道理,没有办法成为君子;不了解礼的规范,没有办法在社会上立足;不了解别人的言语,没有办法了解人。"

解读

命:兼指使命与命运。即要明白人有行善的使命,努力求至善,又要了解人间富贵的限制,因而不必强求。知命之后,可以"行其所当行,止于所不得不止",由此成为君子。

参考文献

鲍鹏山:《孔子传》, 北京:中国青年出版社, 2013年。

傅佩荣:《傅佩荣解读论语》, 北京:线装书局, 2006年。

韩非:《论语全解》, 北京:中国华侨出版社, 2016年。

黄珅:《<论语>入门》, 上海:上海古籍出版社, 2006年。

黄文莱:《孔子传》, 北京:北京联合出版公司, 2013年。

晋尧德、杨佐仁、宋均平:《孔子传》, 石家庄:花山文艺出版社, 1992年。

李长之:《孔子传》, 北京:东方出版社, 2010年。

唐汉:《论语新解》, 北京:北京联合出版公司, 2016年。

文若愚主编:《论语全解(春秋)》, 北京:中国华侨出版社, 2013年。

杨洞根:《发现论语》, 北京:华夏出版社, 2003年。

张政雨、金燕勇、孙景龙:《论语详注通译》, 北京:光明日报出版社, 2013年。